場面緘黙の
子どもの
アセスメントと
支援

心理師・教師・保護者のための
ガイドブック

エイミー・コトルバ 著
丹　明彦 監訳
青柳宏亮・宮本奈緒子・小暮詩織 訳

遠見書房

SELECTIVE MUTISM

An Assesment and Intervention Guide for Therapists, Educators & Parents

by

Aimee Kotrba

Copyright©2015 by Aimee Kotrba

Japanese translation rights arranged with PESI Publishing & Media through Japan UNI Agency, Inc.

謝　　辞

　私は仕事をしながら，そして子育てをしながら，本まで書こうとしています。変わり者だといわれても仕方ないでしょう。そんな私を支えてくれている人たちもそういう意味では変わり者です。まずは，私の夫ジェフへ——あなたはその中でも一番の変わり者に間違いありません。執筆の間，こんな私をあなたは支えてくれました。大きな愛情とたくさんの励ましに心より感謝しています。次に，愛する子どもたちへ。私がなぜ一心不乱にパソコンに向かってカタカタやっているかよくわかっていなかったでしょう。でも，諦めそうになったとき，あなたたちがくれた笑いや喜びが，私の執筆の原動力になりました。あなた達は，私のことを「なんでもできるお母さんだ」なんて言ってくれますが，決してそんなことはありませんよ。私がゴルフをしているところを見たことがありますか？　あなたたちの支えなしには私は何もできなかったでしょう。あなたたちは私に自分を信じる力をくれました。心から感謝しています。

　また，本書の制作にあたり，Michael Rustman 先生，Connie Kotrba 先生，Lisa Kovac 先生には，格別のご配慮を賜りました。おかげ様で，思っていたよりもずっと良い本に仕上がったと思っています。心より感謝申し上げます。日ごろよりお世話になっております Selective Mutism Group の理事の方々へ改めて感謝申し上げます。そして，今の私があるのも，場面緘黙のお子さん達とそのご家族，そして理事の先生方のおかげです。最後に，Thriving Minds Behavioral Health で共に働く仲間たち，Marla Fields, Sheri Mehlhorn, Katelyn Reed, M. S. へ。私をいつもサポートしてくれて，歓びを分かち合ってくれましたね。皆さまと一緒に働けていることに心から感謝しています。

はじめに

　本書の執筆理由を「はじめに」で書くよう依頼されたとき，真っ先に思いついたのは，「緘黙に困っている人達を助けたい！」というとてもシンプルなものでした。いかにも心理学者が言いそうなことですよね。しかし，私が場面緘黙に関する本を書くことを決めた本当の理由は，たくさんの不満からきているということに気づいたのです。研究に基づいた専門家や保護者が利用できる情報が不足していることへの不満。いまだに存在する場面緘黙に対する誤解への不満。治療の依頼をしてきた家族に対して，心理師たちが場面緘黙は治療できないと安易に言ってしまうことへの不満。「ジェイクは私と話すことを拒否した」などと，まるでその子どもが意地が悪いから話さないのだと決めつけてしまう世間の無理解に対する不満。場面緘黙という用語を十分に広められていないことへの不満。これらたくさんの不満からこの本を書くことにしたのです。

　本書では，場面緘黙を確実に治療できる方法をお伝えするだけではなく，皆さんが支援の場で実際に利用できるツールもたくさん掲載してあります。支援方法を知りたいと思っている学校や専門家，そして保護者たちにとってきっと役立つことでしょう。紹介した援助方法は，子どもの発話を増やし，不安を減らすために，学校，心理相談室，公共の場で実践できるものばかりです。ですから，場面緘黙を効果的に，そして確実に治療することができるようになります。

　また，本書では，段階を踏み明確で分かりやすい援助方法を皆さんに提示していきます。これらの方法を実施することによって，子どもたちは自信を積み重ね，そして発話もできるようになっていきます。私は，自信と発話という2つの面で成長を遂げた子どもたちの姿を見て，驚きと歓喜の声を上げるセラピストや保護者たちをたくさんみてきました。私は，子どもたちの変化と成長という希望を皆さんと分かち合いたいと願っています。

　最後に，皆さんがこれからよりよい支援をしていくに当たって伝えておき

たいことがあります。かのマーク・トウェイン曰く，「習慣は習慣でしかない。しかし，それを変えることは，窓からそれを放り投げれば済むような簡単なものではなく，階段を一段ずつ丁寧に降ろしていくことでしか達せられない」。つまり，決して支援は簡単なものではなく，時間をかけた根気のいる作業だということです。場面緘黙児は，極度の不安により話さなくなります。話さないことはすぐに習慣になり，この習慣を変えるには多大な時間と労力を要します。しかし，このことに取り組む価値があるということに疑いの余地はありません。クラスメイトと話し，授業に参加し，多くの人がいる場でコミュニケーションをとることで，子どもは自信を取り戻し，今後の見通しが開けていきます。皆さんも丁寧に時間をかけて，本書を読み進めていくことで，子どもの変化と成長を支援することができるようになることでしょう。

目　　次

謝　　　辞………3
はじめに………4

第1章　場面緘黙の基本的理解………11

1．場面緘黙とは何か………13
2．場面緘黙の診断基準………13
3．場面緘黙におけるコミュニケーションの問題………17
4．社交不安と場面緘黙の区別………20
5．場面緘黙の原因………22
6．場面緘黙の歴史………24
7．不安障害としての場面緘黙………27
8．場面緘黙の3タイプ………29
9．恥ずかしがりやと場面緘黙の区別………30
10．場面緘黙だと分かったとき………31

第2章　場面緘黙を維持させている要因とその影響………34

1．行動主義の考え方………34
2．場面緘黙の概念化………35
3．保護者，きょうだい，クラスメイト，教師たちへの影響………39
4．発話の回避がもたらす弊害………42

第3章　場面緘黙のアセスメント………47

1．診断面接………47
2．評定尺度と評定スケール………48
3．構造化行動観察………50
4．学校場面における行動観察………52

目　次　7

　　5．併存疾患（障害）の除外………53
　　6．診断をめぐって………54

第4章　場面緘黙児の治療プロセス………58
　　1．治療チームの編成とキーワーカーの決定………58
　　2．信頼関係の形成………63
　　3．子どもの不安に対する心理教育………67
　　4．随伴性マネジメント法………74
　　5．治療的介入の技法──行動療法………81
　　6．刺激フェーディング法………85
　　7．新しい人への刺激フェーディング………87
　　8．新しい場所への刺激フェーディング………88
　　9．音声録音を介した刺激フェーディング………89
　　10．シェイピング法………90
　　11．回避行動の消去手続き………99

第5章　治療チームメンバーが行うブレイブワークの実際………103
　　1．キーワーカーが行うブレイブワーク………103
　　2．学外の公認心理師・臨床心理士が行うブレイブワーク………107
　　3．保護者が行うブレイブワーク………110
　　4．担任の教師が行うブレイブワーク………117
　　5．学外の心理相談室での集中的治療の有効性………119

第6章　子どもの対応に困ったときの対処方法………123
　　1．子どもが話さないときの対応方法………123
　　2．ささやき声で話すことへの対応方法………125
　　3．頑なに話すことを拒む子どもへの対応方法………128
　　4．変化に抵抗する子どもへの対応方法………133
　　5．場面緘黙児に対して「してはいけないこと」………134
　　6．周囲の人々の正しい理解と協力を得る方法………138
　　7．症状のぶり返しへの対応方法………143

第7章　学校における介入──特別支援教育としての場面緘黙児支援………144

第8章　子どもの自信を育むためのさまざまなアプローチ………151

　1．ネガティブ思考を減らす方法………151

　2．自信を高める方法………154

　3．ソーシャルスキルトレーニング………155

　4．予測可能性とセルフコントロールへの支援………157

　5．リラクセーション技法………160

　6．結　　　論………167

　付録資料………169

　監訳者あとがき………197

　文　　　献………205

　索　　　引………208

場面緘黙の子どものアセスメントと支援

第1章　場面緘黙の基本的理解　11

第1章

場面緘黙の基本的理解

- 周りの子どもたちが笑ったり話したりしているとき，ジェイミーはただただ静かに一人で席に座っている。ジェイミーが質問されても，クラスメイトたちは，「絶対話しっこない」と決めつけている。担任の教師が，順番に子どもたちに問題を当てていくとき，ジェイミーの困った様子を察した教師は，彼女の順番を飛ばす。保護者もまた，彼女が苦しんでいることを知ると，課外活動などに参加させなくなる。
- 7歳のサムは，パニックでも起こしたように席でもがいている。彼は教師にトイレに行きたいということを言葉でもそれ以外の方法でも伝えることができないでいる。それを周りの子どもたちはただじろじろと見ている。
- アシュリーは，音楽室に入ると恐怖と不安に包まれる。彼女は声を発することができないので，授業中何もできないでいる。教師は，アシュリーが授業に取り組もうとしないと判断して，評価の際0点をつける。その結果，落第してしまう。
- グラウンドで遊んでいるとき，モーガンは雲梯から落ちて手首を怪我した。痛くて仕方がなったのに，その日そのことを誰にも言うことができなかった。帰宅したときには，怪我からすでに5時間も経っていた。

　場面緘黙児が体験している典型的な例が，ここに示したような悲しい出来事なのである。場面緘黙児は，怪我したことを教師に伝えたり，他の子どもたちとかかわったり，トイレに行きたいと伝えたり，授業で質問したり発言したり，グループ活動に参加したりといった，子どもなら誰でもできそうなことが難しいのである。しかし，彼らの辛い状態は世間的に十分に知られておらず，理解もされていないので，話題にのぼることもなければ，扱われることもない。保護者や学校関係者たちは，そうした行動が普通のことではなく，介入の必要性があることは分かっているけれども，どんな手順を踏んで

介入までつなげたらよいかを分かっていない。

　子どもがもっと自信をもてるようになるために保護者にできることはどんなことなのか，話さない子どもの能力を学校はどのように評価したらよいのか，どのように学校はその子どもに適した援助方針を決めたらよいのか。何が正解で何が間違いなのか見当もつかないため，保護者も学校もどのように子どもをサポートしたらよいか分からず，とにかく疑問だらけなのである。

　早期介入が場面緘黙の治療において不可欠であることが，多くの研究結果によって繰り返し指摘されてきた（Bergman, 2013）。早期介入によって，コミュニケーションや社会的活動への参加，社会性の獲得の機会の欠如といった問題から子どもを守ることができる。子どもが話すことを，毎日毎日，避ければ避けるほど，苦しみは深まり，不安は募り，自尊心も低下していく。そして，その行動パターンを変えることはどんどんと難しくなっていく。子どものことを思えば，保護者や心理師たちはすぐにでも効果的な介入をしなくてはならないのである。

　そのように言われてしまうと，場面緘黙児にかかわる保護者や心理師たちは，焦りを感じるに違いない。しかし安心して欲しい。適切な治療によって，この行動パターンを変化させることができるからである。場面緘黙の治療は可能であり，効果的な介入によって目覚ましい成果が得られているのである。場面緘黙児は勇気と強さを獲得し，自分の要求を伝え，質問をし，友達や大人のことば掛けに応じ，自信をもって話せるようになる。子どもが，一度も話したことのなかったクラスの中で，挙手をして誇らしげに質問に答えたり，劇で役を演じていたりする光景を目にすることほどうれしいことはない。私は，場面緘黙児のこのような姿を見て，喜び涙を流す両親，祖父母，教師たちとこれまで多くの時を共に過ごしてきた。

　本書では，子どもが少しずつ自分の恐怖に立ち向かい，それを乗り越え，自信を深めながら，話すことを手助けするための具体的な方法と技法を提供していく。それはこれまでの研究成果に基づいたものである。皆さんが，この本の中に示されたさまざまなアイデアを実行することによって，場面緘黙児は，持てる力をいかんなく発揮していくことであろう。しかし，本書は，場面緘黙児全てに対する正しい治療の答えや，紋切り型の方法を示しているわけではないことも知っておいてもらいたい。確かに，保護者，学校関係者，心理師を対象として，場面緘黙の効果的なアセスメント方法や治療に役立つ

ガイダンス，アイデア，治療フォーマット，そして支援方法をたくさん提供している。しかし，実際の場面緘黙の治療は，例えるならば，その子どもと一緒にダンスを踊るのに似ている。ダンスは，それぞれのパートナーの動きに合わせることが求められる。すなわち，それぞれの子どもの特徴に合わせて個別に対応する必要があるのである。ともあれ，本書で示していくスタンダードな治療方法は，場面緘黙に関する誤解と無知に彩られ，混迷した現状に光をもたらすことだけは確かであろう。

1．場面緘黙とは何か

　場面緘黙とは，特定の状況において，言語的（ときには非言語的）コミュニケーションができないことを特徴とする不安障害である。場面緘黙児は，特定の場面（例えば，家族や仲の良い友人と自宅にいるときなど）では普通に話すことができるのに，それ以外の社会的な場面（例えば，学校，レストラン，お店など）では声が出せなかったり，話すことを非常にためらったりする。彼らは，話すことも，理解することもできているにもかかわらず，特定の場面や状況では話すことができず，それが行動パターンとして定着してしまっている。場面緘黙の診断を受けるためには，緘黙状態が少なくとも1カ月続いている必要がある。しかし，学校（保育園や幼稚園でも）の初年度における数カ月間の言語的コミュニケーションの不足は正常の範囲内であることも知っておくべきである。また，診断を受けるためには，1カ月以上の間，学校あるいは公共の場で日常生活を送ることに困難を伴う必要がある。そして，言語的コミュニケーションの不足に関するほかの要因（言語障害，自閉症スペクトラム，吃音など）は除外されなければならない。場面緘黙の診断に加えて他の診断（自閉症スペクトラム，言語障害など）を受けることもない訳ではないが，学校や公共の場における発話の少なさが，他の診断だけでは十分に説明できないときは，場面緘黙とだけ診断されることとなる。

2．場面緘黙の診断基準

・他の状況で話しているにもかかわらず，話すことが期待されている特定の社会的状況（例：学校）において，話すことが一貫してできない。

・その障害が，学業上，職業上の成績，または対人的コミュニケーションを妨げている。
・その障害の持続期間は，少なくとも1カ月（学校の最初の1カ月だけに限定されない）である。
・話すことができないことは，その社会的状況で要求されている話し言葉の知識，または話すことに関する楽しさが不足していることによるものではない。
・その障害は，コミュニケーション障害（例：小児期発症流暢症）では上手く説明されず，また自閉症スペクトラム，統合失調症，または他の精神病性障害の経過中にのみ起こるものではない（APA，2013）。

　他の情緒障害と同様，場面緘黙においても，軽度な症状から重篤な症状まで，その困難さにはバリエーションがある。症状が軽度な子どもの場合，特定の人と話すことはできるが，その他の人たちとは話せないままであることが多い。目を合わせず静かな声で質問をされれば，それに答えることができるかもしれないが，話し始めるのには時間がかかりとても苦労する。重篤な子どもの場合は，学校でも公共の場でも，誰とも話せないことはよくあることである。よく会う身内や親戚の人たちとさえ話すことが困難なこともまれではない。最も重篤な症状を抱える子どもの場合は，クラス活動に参加したり，勉強したりするとき，非言語的コミュニケーション（すなわち，うなずき，指差し，書くこと）によって意思伝達することも，身動きすることもできずに固まったままということもある。
　有病率について，およそ100人に1人の小学生が場面緘黙であるという調査結果が得られている（Bergman，2002）。1％という数値だけみると非常に少ないと思うかもしれない。現在の診断基準における自閉症スペクトラムの有病率とほぼ一緒である（Bergman，2013）。しかし，場面緘黙に関する知識不足と症状への関心の薄さから，実際の発症率はベールに包まれたままである。そのため，実際の有病率はこれよりも高くなると考えている研究者は少なくない。場面緘黙児は，一般に行動上の問題を示さない（それどころか，非常に従順で，真面目で賢い傾向がある）ので，発話をしないということが，保護者や学校関係者にとって治療を求める理由になりにくいのである。多くの場面緘黙児は，家ではとてもおしゃべりで社交的であるため，保護者は問

題があることにさえ気づいていないかもしれない。保護者が，子どもが学校で話していないことに気づいている場合でも，保護者自身が過去に社交不安の経過があると，症状の大変さを低く見積もってしまう傾向がある（例えば，「私も 3 年生までは話をしなかった。彼は恥ずかしがりやなだけ」などと）。明らかな学業上の問題がなければ，学校も特別な教育的配慮をしにくいだろう。さらに，小児科医が場面緘黙に精通しているとは限らないという問題もある。小児科医は話さない子どもをただの恥ずかしがり屋と見なし，その子ども自身も話せないことで困っているということを医師に伝えることはないので，専門的な治療機関へ紹介されることもない（Schwartz, 2006）。

　また，場面緘黙の発症から治療開始までの間に大幅な時間差があることを示す調査結果がある。場面緘黙の発症年齢は，およそ 2.7 歳から 4.1 歳である。それに対して，言語的コミュニケーションや不安の問題は，小学校に入学して初めて発見される。つまり，5 歳から 6 歳になってからなのである。学校に入学してから問題が発見される主な理由として，子どもがコミュニケーションをとれないので，教師たちが子どもの読解力や学習到達度を評価することが難しいということが挙げられる。しかも学校場面での緘黙状態によって，やっと子どもの問題が認知され，専門機関につながり，適切な診断が下された後，治療が始まるまでに 1 年から 3 年の時間がかかる。そうすると，子どもが正式にアセスメントや治療へとつながる平均年齢は 6.5 歳から 9 歳になる。つまり，発症から治療が始まるまでになんと約 4 年という月日を費やしていることになるのである。場面緘黙は経過が長ければ長いほど，治療への効果が悪くなるため，発症から診断と治療がなされるまでの時間差という問題は極めて深刻なのである。

　さらに，性別差による有病率の研究では，女児が男児の約 2 倍診断されていることが報告されている（Kumpulainen, 2002; Garcia, 2004）。この理由として主に 2 つの仮説がある。まず，男女によって症状の出し方に違いがあることが挙げられる。例えば，不安や抑うつのような内在化障害は女児で多くみられる一方，暴力などの外在化障害は男児に多い。すなわち，場面緘黙は内在化される不安障害であるため，女児により頻繁に発生すると考えられている訳である。もう 1 つは，男児に対して適切な診断がなされていない可能性があるということである。男児は，スポーツやテレビゲーム，ごっこ遊びのような活動を通して人と遊び，対人関係を形成していく。これらの活動

は，会話はあまり必要としないので，話さないという問題があまり目立たない。それに対して，女児は内緒話，ロールプレイ，人形遊びのように，話すことを通して仲間と交流し関係を築いていく。このように，女児にとって，話すことは同年代の子どもとかかわる上で重要な行動であるため，大人から見ると，女児が話さないことはとても目立ってしまい診断されやすいのではないかと考えられている。

　場面緘黙と一言でいっても，それぞれの子どもに違いはある。しかし，多くの場面緘黙児に一般的にみられる特徴を以下に示してみよう。

・言語的に応答し，言語的に伝えることが難しい。
・非言語的コミュニケーションが難しい場合もある。
・一般的に平均あるいは平均以上の知的能力がある。
・感覚が鋭く，敏感である。
・不安になると硬直，肩の緊張，表情の強張りなどのような身体の固まりやぎこちない身体の動きがみられる。
・アイコンタクトが少ない。
・反応が遅い（質問してから，子どもが反応するまでに長い待ち時間がある）。

　なお，場面緘黙と恐怖や不安の問題が別々に現れてくることはめったにない。場面緘黙は，社交不安障害や全般性不安障害を合併することが最も多い。さらに，不安に基づく不登校や他のタイプの不安障害（強迫性障害あるいは犬，虫，嵐といった特定の恐怖症）を伴うことある。また，場面緘黙児は，公共の場でのトイレの使用について不安を感じていることが多い。トイレに行きたいと教師に伝えることだけでなく，自動便器洗浄の突然の大きな音への恐怖，トイレに誰かいる状況で緊張してしまい「動けなくなる」こと，誰かにトイレに行ったかどうかを確認されるのではないかと心配してしまうことなど，その不安はさまざまである。したがって，遺尿症を含め，おしっこに関わる困った出来事を体験することが少なくない。

3．場面緘黙におけるコミュニケーションの問題

　場面緘黙は，コミュニケーションの遅れや障害を伴うことが多い。報告されている有病率にはばらつきがあるが（言語や発話など扱う問題が異なるため），場面緘黙児のおよそ30%から75%は，コミュニケーションに関する問題を抱えているとされている（Klein, 2012）。こうしたコミュニケーションの問題は捉えにくく，保護者もそれを問題として認識しにくい。言語理解や言語表出能力に影響するものとして以下のようなものが考えられる。

- ・語用（言語を通して，人と会話を始めたり，会話を維持したり，表情やアイコンタクトを使用する能力）
- ・音韻（声の高さ・声質・音量）
- ・流暢性（その場に応じた適切でスムーズな言葉選び）
- ・発音（明確かつ明瞭な音声）
- ・統語（正しい構文，文法の使用）
- ・意味（適切な言葉の意味理解）

　発話や言語の問題をしっかりと評価すると，その語り口など複雑な表現が求められる言語表出という側面において特に問題がみられる。研究者たちは，子どもの発話や言語の問題を評価するのに最も長けているのは保護者であることを指摘している。最近の研究では，保護者が家庭で子どもの様子を評価した場合でも，言語表出の量は，場面緘黙児全体の42%が，同年齢の子どもたちの中で5パーセンタイル未満（子どもが100人いた場合5人未満に相当）に位置づけられるほど少ないことが見出されている（Klein, 2012）。

　場面緘黙児がこれらのコミュニケーションの問題を抱える確率が高い理由に，今のところ明確な回答はないが，以下のような理由からだと考えられる。

1．場面緘黙の特異性：先に示した発話と言語の問題を同時に抱えている。
2．場面緘黙に発展していく兆候：自身が流暢にはっきりと話すことができないことや，それを容易に変えることが難しいことを認識している。これらのことは，居心地の悪さや不安を喚起する。そして，その不安と

人からのネガティブな反応を避けるため，自分の発話は分かりにくいとか，「私が悪い」と思って次第に口を閉ざすようになる。

3．場面緘黙の悪化：発話と言語の問題は併発することが多いが，このようなコミュニケーション上の問題が，緘黙症状をより悪化させる。

4．コミュニケーション経験の不足：場面緘黙児は，実際の言語的コミュニケーション場面に参加していない。そのため，流暢性や統語に関する間違いを指摘される経験が少ない。

　最近の研究知見では，場面緘黙児全体の約75％程度が，聴覚機能の微妙な異常を抱えており，それが発話能力に悪影響を与えているのではないかということが想定されている（Muchnik, 2013）。私たちには，発声を行う際，自分自身の声の大きさを制限する聴覚システムが備わっている。分かりやすく言えば，会話中，私たちの脳は，話し手の音声刺激を制限している。こうすることで，話していても，外界からの音声を聴き取り，理解することができるのである。例えば，自分が話していて，そこに誰かが割って入ってきて，同時に話すとき，自分自身の声に重ねて，相手の声を聴きながら，理解することもできる。場面緘黙児には，聴覚系の部位（中耳筋反射[訳注1]：MEAR）に異常が認められことが多く，自分が話しているときに聴覚情報が与えられると，言語理解の過程における処理が混乱するのではないかと指摘する研究もある。つまり，自分が間違ったことを発言することが不安なので，重要な聴覚情報を聞き逃さないようにしようするあまり，社交場面や学校場面で話すという行為がしにくくなってしまうことが予測されるのである。実際，彼らは「話すか聴くかを，意識的にも無意識的にも上手に切り替えることが難しいという問題を抱えている」（Muchnik, 2013）という。多くの聴覚的情報の処理を必要とする状況や，社交不安が起こりやすい状況（例えば，教室や同級生との会話）において場面緘黙が生じやすいのはこのことが影響しているのかもしれない。さらに，場面緘黙児の多くが，自分の声を"変な声"だ

訳注1）中耳筋反射：あぶみ骨筋反射（耳小骨筋反射）ともいう。一般的な耳鼻科ではこの反射を検査できる機器があり，検査時間は5分程度である。この反射が出現すると内耳の聴覚細胞で音刺激を受けて，大脳の聴こえの中枢で音を認識する経路が機能していると判断される。異常が発見された場合，言語聴覚士は特殊な耳栓や生活指導などで対応する。

と捉える傾向が強いが，かれらの頭の中では，自分の声が大きく聴こえている可能性があるということを踏まえると，自分の嫌だと思っている“変な声”が大きく聴こえているのだから，相当嫌な気持ちになり，発話を制限してしまうことにつながっていくことも十分ありうるだろう。

　ところで，バイリンガルの子どもは，とても高い確率で場面緘黙になりやすい。エスニック・マイノリティ[訳注2]や移民家族の中においても，場面緘黙の割合は高い（Krysanski, 2003）。こうした子どもたちは，新しいコミュニティに入る上で生じる不安や警戒心を感じており，なじみのない言語に接することによる戸惑いから話さなくなることがある。ある少女が，幼稚園に通い始める年齢でブラジルからアメリカに引っ越すという状況を考えてみてほしい。その子の母国語はポルトガル語であり，この第一言語を保護者や妹が家で話している。その子は，分離不安が強く，人に注目されることを嫌っていることに保護者はずっと気づいていた。幼稚園に通い始めた少女は，英語を流暢に話す他の子どもたちを見て，上手にコミュニケーションを取れないことにいら立ち，戸惑いを感じている。間違った発言をしたり，上手に発音できないことを恐れたりして，その状況を回避するようになり，話すことを止めてしまう。新しい言語をしっかりと着実に学習しているにもかかわらず，時間が経つほどに，話さないパターンが定着していってしまう。そうなると，クラスメイトたちから「しゃべらない子」と思われ，アクセントの違いをからかわれたり，発した声を聴かれて過度にはやし立てられたり，注目を浴びたりすることを彼女はとても怖がるようになる。このようなことが続くと，回避行動を変えることは難しくなる。結果的に，親しんだ話しやすい母国語でのコミュニケーションにも回避行動が起こるようになっていく。緘黙の広がりは，コミュニケーションを回避することをより促進し，すべてのコミュニケーションに行き渡っていくのである。

　しかし，次の2つのことについては十分留意してほしい。第1に，バイリンガルだからといって，必ず場面緘黙になるわけではないということである。バイリンガルであることは，実際，とても多くの利点があるので，保護者が第二言語を教えたことに後ろめたさを感じる必要はない。第2に，人が新し

　訳注2）エスニック・マイノリティ：複数の民族で構成される国家において支配的勢力をもつ民族に対して，言語・文化などを異にし，相対的に人口の少ない民族のこと。

い言語を学んだとき，一時的に話さなくなることは珍しくはない。第二言語を学んでいる人々にとって，数週間から6カ月までの緘黙状態は「通常」範囲内と考えられている。子どもが幼いほど，話さない状態が長く続きやすいということも知っておいてほしい。新たな言語を学ぶ際，年齢の高い子どもは，数週間から数カ月の間，あまり話さなくなるのに対して，幼い子どもは1年もの間無口になることがある（American Speech-Language-Hearing Association（ASHA）訳注3)）。母国語を話さなくなったり，あらゆる場面で深刻な不安が見られたりするとき，あるいは，6カ月から1年経っても，新しい言語を話そうとしなければ，それは緘黙のサインである。したがって，場面緘黙を疑った上でしっかりとしたアセスメントを行うことが必要である。

4．社交不安と場面緘黙の区別

社交不安と場面緘黙は，共通点が多いので混同されがちである。実際，70％～100％の場面緘黙児は，追加して社交不安の診断を受ける（Yeganeh, 2003）。場面緘黙も社交不安も，不安を減らし社会的場面での行動を増やすことを目標として，ほぼ同じ投薬治療と認知行動療法による介入が効果を上げている。それは，この2つの問題が，はっきりとした社会的場面でのやりとりへの恐怖を伴うためである。家族因に関する研究からも，場面緘黙と社交不安の間には強い関連があることが示されている。たとえば，場面緘黙児の一等親内に社交不安をもつ者が70％，場面緘黙をもつ者が37％存在する（Chavira, 2007）。

ところで，子どもの社交不安とは，同年代であろうが大人であろうが，馴染みのない人たちとの社交場面で，恥ずかしくてどうしてよいか分からなくなる状況への恐怖や，人に注目されることへの恐怖が持続的に示された場合に診断される。このような状況にさらされたとき，子どもは不安を感じるようになる。その不安は，とても強く苦痛を伴うため，子どもたちは，その状況を回避しようとするか，何とか耐え忍ぼうとするようになる。この症状は少なくとも6カ月間持続し，学校生活や社会生活をいちじるしく阻害する。

訳注3）ASHA：米国の言語聴覚士職能団体。世界最大の166,739名の会員数（2012年）を誇る。元々，教育現場での活動から開始した歴史があり，現在でも医療現場と同時に教育現場で働く会員が多いのが特徴である。

場面緘黙もまた，回避と不安の要素を両方もっており，そこに症状の重なり合いがみられる。

このような共通点から，場面緘黙を社交不安の表現型の一つであると仮定する臨床家や研究者が少なくない。このような知見を受けて，精神疾患の診断・統計マニュアル（DSM-5）では，場面緘黙を子どもの深刻な社交不安として位置づけ，社交不安症の枠組みの中に分類されることとなった（American Psychiatric Association, 2013）。しかし，この理論は検証中であり，現在，さまざまな研究がなされその結果が報告されている段階である。

社交不安と場面緘黙の相違にも注目すべきであろう。多くの場面緘黙児は，非言語的な（話すことを期待されていないような）やりとりは楽しみ，避けないこともあるが，言語表出に関してはかたくなに回避しようとする。ところが，社交不安をもつ子どもの場合は，あらゆる社会的場面でのやりとりを避けようとするが発話はみられるといった違いがある。また，場面緘黙の好発時期がおよそ 3 歳から 5 歳であるのに対して，社交不安は一般的に 11 歳から 13 歳に現れる。もしも，場面緘黙が重度の社交不安の表現型であるとするならば，場面緘黙児は社交不安児よりも高い不安をもつと考えられるだろう。しかし，社交不安児と場面緘黙児の比較研究では，場面緘黙児が社交不安児よりも強い苦痛を感じているという結果は得られなかった（Yeganeh, 2003）。さらに，場面緘黙児は，きっと深刻な不安を抱えているにちがいないと大人が思うのに対して，場面緘黙児自身が，それほどでもないと思っている。大人と緘黙児との認識の間には大きなギャップがある。その理由として，以下の 2 つが考えられる。1 つ目は，場面緘黙児がすでにうまく回避する方法を獲得してしまっていて，話さないことによって不安を下げているので，苦痛を感じていないということである。そして 2 つ目は，大人が過度に子どもの不安を過大に問題視しているという可能性である。それは，いくら話すことに強い不安を子どもが感じていたとしても，やはりちゃんと話すべきときは話すべきであり，それは克服されて当然だと考えているのに対して，子どもはそこまで問題とは思っていないということを示している。このように，現在，場面緘黙と社交不安の関連性と相違を明らかにするような研究がさらに求められている。

5．場面緘黙の原因

　他の不安障害と同様，場面緘黙にも遺伝的素因が関係している。不安の遺伝的影響は，家族によって現れ方に違いはあるものの，中核にあるものが不安であるという点では一緒である。つまり，他の家族はさまざまな不安症状，例えば社交不安障害，全般性不安障害，強迫性障害を抱えているかもしれない。つまり，場面緘黙は，不安という遺伝的素因が，緘黙という症状として子どもに現れているということである。場面緘黙児の保護者が，場面緘黙と社交不安の特性をもっていることは珍しいことではないし，きょうだい（特に一卵性双生児）が場面緘黙の症状を示す可能性は極めて高い。

　不安に対する遺伝的素因に加えて，場面緘黙児の脳機能に異常が認められるという研究報告もある。不安に対する脳のメカニズムに関する研究では，扁桃体[訳注4]が不安の認知と反応をコントロールする上で重要な役割を担っていることが分かっている（Davis, 1992）。われわれの脳が，ある状況，人物，出来事を危険であると認識すると，扁桃体がその危険と闘うか回避するかのいずれかの反応（闘争・逃走反応）を引き起こし，身体を守り，心理的にも防衛的態度をとるよう大脳皮質へ指示が送られる。しかし，その状況が実際には危険ではない場合でも，このメカニズムが働いてしまうと大脳皮質は，扁桃体からの信号を止めることはできない。したがって，危険でないものも危険と誤って認知したり，ほんのちょっとした危険に対しても敏感に反応してしまったりと，生理的なレベルで不安反応へと発展してしまう。これと関連して，場面緘黙児の扁桃体機能自体の過剰亢進を示唆する研究もある。これは，つまり，彼らが言語的コミュニケーションを求められる状況を必要以上に危険だと受け止めてしまうということを意味している。さらに，不安の強くない一般の子ども達と比較して，亢進した脳の状態を平常に戻すことが困難であることも分かってきている。それだけでなく，場面緘黙児の脳の

訳注4）扁桃体：扁桃核ともいう。人間の脳で情動の表出，食欲，性欲，睡眠欲，意欲，などの本能をつかさどっている大脳辺縁系の一部位。情動反応の処理と短期的記憶において主要な役割を持ち，情動・感情の処理（快不快の判断），不安や緊張，恐怖反応において重要な役割も担っている。記憶中枢である海馬と扁桃体は常に情報が行き来している。

第 1 章　場面緘黙の基本的理解　23

反応は，覚醒したり，刺激に対する反応が亢進されたりすると，時間の経過とともにさらに高まっていくことが明らかになっている。刺激への馴化[訳注5]も起こりにくいため，場面緘黙児の恐怖反応は持続されるだけでなく，取り除くことがさらに難しくなっていく。

　前述のように，多くの場面緘黙児の保護者が社交不安症状を抱えている。そうすると，保護者自身の不安へのコーピングスキルが，その子どもに影響を与えていることも検討されなくてはならないだろう。子どもは，遺伝的に不安になりやすい傾向をもっているだけではなく，保護者の不安へのコーピングをモデリングすることを通して，不安に陥った際の行動を学習してしまっているのである。社交不安をもつ保護者は，不安が喚起される社会的状況を避けるので，結果的に自分の子も，見知らぬ状況や人々に接することを避け，自発的に話をする機会を制限してしまうことであろう。そうした保護者たちは，子どもに対して，世間や見知らぬ人々は危険で信用できない存在であると知らず知らずのうちに伝えてしまっているかもしれない。そうなると，子どもの不安はますます増大していくことになる。

　ここである事例を紹介したい。私は，初回面接（子どもの背景情報を聴取し，治療計画を立てるために行われる治療開始前の最初の面接）で，ジェニーの両親に会った。面接中，ジェニーの母親であるアリッサから，明らかに居心地の悪い様子が見てとれた。彼女は，私と目を合わせることもなく，静かに話しながら何度か深呼吸をしていた。過去に何度もジェニーが，母親のパニック発作を目にしているという。母親のパニック発作は，服薬によって現在は抑えられているものの，未だに社交不安に苦しんでいることが語られた。また，人ごみや電話に出ることを避け，多くの時間を家で過ごしており，ジェニーの父親が，母親と子どもの社会とのつながりの仲介役を担っていることが報告された。家族で地元のレストランに出かけることはほとんどないし，ジェニーは課外活動に参加することもできないでいた。私が，母親の友人や親戚たちとジェニーはおしゃべりするのかと尋ねると，ジェニーには友人がまったくおらず，親戚とも会っていないということであった。母親は近所の家族達を "礼儀知らず" で "何をされるかわからない" と感じているた

　訳注5）馴化：ある刺激が長時間繰り返し与えられることにより，その刺激に対して鈍感になり，反応が徐々に見られなくなっていく現象。

め，子どもを近所の友達とは遊ばせてこなかったという。

　不幸なことに，ジェニーは遺伝と環境の両方から強力な影響を受けていることになる。家族歴における明らかな不安素因だけでなく，母親の不安そのものが強くモデル化され，日常的なちょっとした子育ての在り方を通じて伝達されていく。さらに，ジェニーの両親は，治療の紹介を求めたり，面識のない専門家に治療の予約を取ったりすることに対する不安のために，治療を遅らせてしまっている。相談室に電話をかけたり，相談の予約をとったり，詳細な家族の生活歴について語ったり，子どもと専門家がやりとりできるようにすることは，社交不安をもつ保護者にとってかなり大変な作業となる。

6．場面緘黙の歴史

　もともと 1877 年にドイツ人医師の Adolph Kussmaul によって「随意的失語症」と名づけられた場面緘黙は，子どもの過去のトラウマ・エピソードや不適切で虐待的な保護者子関係によって引き起こされると考えられていた。Kussmaul と彼を支持する臨床家たちは，ある場面で発話がみられない一方で，他の場面であればそれが可能であることから，子どもが話さないことを随意的（意図的に）に選択していると考えていた（Kussmaul, 1877）。さらに 1934 年，スイスの精神科医 Moritz Tramer は，子どもが話さないことを「選んでいる」という考えを引き続き強調し，「elective mutism」に名称を変更した。そして，緘黙症状が特定の状況で起こるのは，**発話を意図的に拒否しているのではなく，置かれた環境の中で経験する不安によるものである**という最近の研究知見を反映し，1994 年に「selective mutism（場面緘黙）」と名称を改めることとなった（Sharoni, 2012）。しかし，いまだにこの症状の根底にあるのは，子どもの反抗や自己コントロールであって，発話するかどうかを子どもが“選択している”と考える研究者もおり，場面緘黙という名称には混乱が生じている。しかし，現在では，彼らが意図的に“選んだ”特定の場所で発話ができないという子どもは，場面緘黙には当てはまらない。場面緘黙という用語は，あくまでも発話に関する不安が選択的に社会的文脈の中で生じるということが強調されている。

　もともと，場面緘黙は，ネグレクト，虐待，暴力を目撃するなどの幼児期に体験する外傷的体験に起因すると考えられ，このような経験をした子ども

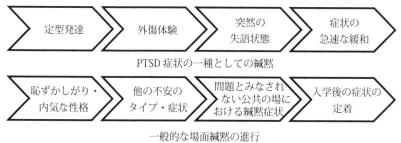

図1　緘黙の進行

たちは，家族の秘密を守るために，または，加害者を罰するために，口を閉ざすようになったのだという仮説が提唱されていた。よって治療では，外傷的エピソードを明らかにした上で，潜在化された感情を扱う，もしくは家族関係を改善していくことに焦点が当てられていた。しかしながら，場面緘黙の症状と過去の外傷的体験との間に因果関係があることを見出した研究はひとつとしてないのである。

　Maya Angelou の著書である『歌え，翔べない鳥たちよ─マヤ・アンジェロウ自伝─（*I Know Why the Caged Bird Sings—After Six Years of Mutism*）』（矢島翠訳，青土社）で，彼女は，児童期の恐ろしい外傷的体験と，その後に起こった6年間の緘黙状態について語っている。このような状況から生じる緘黙状態は，場面緘黙ではなく，心的外傷後ストレス障害（PTSD）の症状であると考えられる。PTSD の結果として緘黙を発症する子どもたちは，一般的にそれまでは正常な発達的経過を辿っている。当然，その保護者は，子どもたちが他者と話をしている場面をみているし，外傷的体験が起こるまでは，ほとんど重大な不安を感じていないのが一般的である。PTSD に起因する突然の失語状態は，比較的短期間で消失する傾向があり，トラウマ体験前の恥ずかしがりや不安になりやすい気質とは関連しない。対照的に，場面緘黙児は，幼稚園や教会，保育園といった公共の場で他者と話すことに対する不安にまつわる歴史をもっている。すなわち，緘黙症状が突然に現れることはまずありえないといえる（図1）。

　場面緘黙が外傷的体験を起因として発症するというエビデンス[訳注6]はないが，多くの場面緘黙児が，その発症前に，発話に対する不安に直面させられるという外傷的な体験をしていることは確かである。教師，他者，親戚と

いった人々が，場面緘黙を理解していない場合，その子どもを，言うことを聞かない子どもと決めつけたり，無理矢理話させようとしたり，発話への動機づけを高めようとトイレの使用や昼食の制限や特別扱いを控えようとするかもしれない。このような不安があふれ出てくるような状況もまた，子どもにとって苦痛な経験になるだろう。

　場面緘黙がもたらすトラウマや苦痛の影響は，あらゆる場面に顔を出してくる。場面緘黙をもつある小学3年生の男児の事例を通して考えてみよう。学級担任は彼の症状について理解してくれているが，給食指導員は，彼についている診断のことや声を出すことに苦労しているということを理解していない。その子が給食の列に並び順番が来たとき，指導員は何が欲しいかを彼に尋ねるが，彼はそれに答えないで視線を下に落として微笑んでいる。指導員は，彼のその反応をただニヤけていると誤解し，後ろに長蛇の列ができることにイライラし始め，「何が欲しいか言えない子には，何もあげられません。席に戻って，欲しいものが決まったら言ってください。後ろがつかえてるんだから」と注意する。いつになったら，その子どもは給食にありつけるだろうか？　彼はおそらく，長い列を背にして注文することができず，また，担任に助けを求めることにも強い不安を感じるだろう。彼が給食を食べていないことを大人に気づかれ，その原因を突き止められなければ，お腹を空かせて待っていることしかできない。その日が来るのは数日後かあるいは数週間後かもしれない。これは，かなりつらい外傷的体験だと私には感じられる。これを外傷的体験と言わずして何と言えばよいだろう。

　場面緘黙児にとって，特定の状況や環境の発話の回避は，**意図的な反抗な**のではなく，その子どもが体験する激しい不安から自分を守るための**意図的な自己防衛としての機能**を担っている（Bergman RL, 2002）。場面緘黙児と生活を共にする大人が，その子のことを単に"気難しい"とか"頑固"であると考えるのはあまりにも短絡的である。こうした理解をしていると，子どもがしっかりとコミュニケーションすることを期待し，それができなければ罰

　訳注6）エビデンス：「実証」，「（科学的）根拠」などと訳される。心理療法では，ある治療法がある疾患や症状に対して，主にランダム化比較試験（RCT）を用いて検証し，効果があるという根拠や結果のことをいう。エビデンスは，治療法を選択する際，少しでも多くの患者・クライエントにとって安全で効果のある治療方法の選択に根拠を与える「情報」としても捉えられる。

を与えるという発想になってしまう。困ったことにこういった考えが，ますます子どもの発話に対する不安を増大させ自尊感情，自己効力感の低下を招いてしまうのである。

７．不安障害としての場面緘黙

　保護者が親戚たちから，「リサって周りに大人がいると話さなくなるね。あの子って，やらなくちゃいけないことから逃げようとしてるんじゃないかな。一緒の部屋にいたとき仲のいい子とは話しをしてたのに，私が近づいていったら口に手をやって黙っちゃうんだよ。不安そうには全然見えないよね。本当に不安なのかな」と言われてしまうことがあるかもしれない。教師から連絡帳に「シャノンはグループ活動への参加を拒否しました」とか，「ブレンダンは，本日の授業で発表をしようとしませんでした。教室の前まで来るよう呼ばれたときに，教室を飛び出していってしまいました」というようなことが書かれる保護者も多いのも事実である。子どもたちが体験している不安が，子どもたちを苦しめていることは明らかであり，彼らはそのときの感情を「ノドから声が出てこない」とか「教室の前の方に出ていったら死んでしまう！」と振り返る。それに対して，大人たちは，子どもが自分で言動を抑えているだけだと単純に考えているのである。そんな大人に対して，私は，丸一日，家の外で話をしないことをお願いして，それができるかどうか考えてもらうことがある。つまり，公衆トイレがどこにあるかを尋ねたり，レストランで何も注文しなかったり，友人と話しをしないことが果たしてできるかということである。もちろん電話にも出てはいけないし，店で誰かに何かを言われても，下を向いたまま反応してはいけない。どうか誰にも助けを求められなくても，傷ついたり，迷ったり，混乱しないようにしてほしいと。果たして，一日中，黙ったままで楽しくいられるだろうか？　きっと疲れ果てて，不安におびやかされるだけに違いない。一日を沈黙したままでいる状況で物事を楽しめるだろうか？　きっと疲れ果てて，不安に脅かされるだけではないだろうか？　単純に悪意をもって他者に反抗している子どもが，他者に話しかけることができないという理由だけで，多くの楽しい経験や友人関係，ご褒美を逃してしまったときに何日も何年も黙ったままでいられるということなどさすがに考えられない。

私も見知らぬ国を旅行したとき，これと似たような思いを味わったことがある。周りが誰一人英語を話せず，私もその国の言語を話せないという状況では，いくらうまく話そうとしてもそれはできなかった。例えば，トイレに行きたくても場所が分からないとなると，さすがに不安である。怪我をして，手当てが必要となったらどうなってしまうだろう？　道に迷ってしまったらどうなるだろう？　これがまさに，場面緘黙児の置かれている日常的苦境そのものなのである。

　子どもの不安の表現の仕方には，逃げるか攻撃するかの2つの反応のタイプがある。これらは，恐ろしい刺激に対して，私たちに生得的に備わっている"闘争・逃走反応"から生じるものである。自分が置かれた状況を危険だと察知したとき，私たちの身体は，闘う，すくむ，もしくは逃げる（回避する）という行動を反応として起こす。その恐怖が現実のもの（例：目の前で起こった自動車事故や大きな熊に遭遇する）である場合，この身体的反応は，筋肉の緊張，心拍数，呼吸数，思考速度の上昇を引き起こして私たちの身を守ってくれる。しかし，身に迫るような危険がないときでも，脳の扁桃体が"危険信号"を察知すると，その沈静化には時間がかかるため，その刺激に対して攻撃や回避という行動をとりやすい。場面緘黙児の多くが，不安を感じたとき回避反応を示す一方で，少数ではあるが，コミュニケーションを強いられたときに"攻撃（反抗）"行動を示す子どもがいる可能性があるのはそのためである。

　実際，私が臨床現場で出会う多くの子どもたちは，やはり確実に不安を感じている。近づいていくと固まり，アイコンタクトが取れず，時折涙ぐみ，言語的（ときには非言語的）コミュニケーションを避ける。まれに，怒ったような表情を見せて，不平を表現して反抗を示す子どももいる。私が"ブレイブワーク[訳注7）]"を学ぶことを勧めると，笑顔を浮かべているにもかかわらず，ゆっくりと首を横に振って拒否する。例えば，面接開始時に7歳だったある患者は，最初の数セッションで全く私と話しをしなかったが，少しでも

訳注7）ブレイブワーク：場面緘黙児が，症状克服を目指し勇気をもって取り組むワークや活動の総称。著者オリジナルの用語であり，本書の重要キーワードでもある。詳細なアセスメントのあと，子どもの状態や段階に合わせて取り組むものであり，決して子どもに無理をさせ，強制して行わせるものではない。

コミュニケーションを促されると，叫んだり，蹴ったり，殴ったり，机の下に隠れたりした。彼女の叫び声で他のクライエントを怖がらせないように，私は彼女とのセッションを一日の最後に設定した。彼女の緘黙症状，堅固さ，かんしゃく，身体的な攻撃といった行動は，決して反抗から生じたものではない。その表現とは反対に，彼女が本当に感じているのは強い不安であり，その現れから生じたものなのである。彼女は，"逃げる"のではなく"攻撃する"という反応を示す子どもだった訳である。一般的な多くの子どもたちが反抗を示すのと同じように，場面緘黙児が反抗的行動を示すことも十分あり得ることである。実際，家庭と学校における場面緘黙児の反抗的行動の出現率が，一般の子ども達のそれとほぼ同じであることを示唆する研究もある。緘黙は反抗的行動ではなく，あくまでも不安に伴う症状なのである。

8．場面緘黙の3タイプ

　最近の研究では，場面緘黙児には3つの異なるタイプあるいはグループがあることを示唆されている（Cohan, 2008）。

　<u>第1のグループ</u>は，もっぱら"不安"が主症状である場面緘黙児群（「不安群」）であり，緘動（固まり体が動かなくなる）や非言語的および言語的な応答の困難，重大な社交不安を示すものである。初期の研究では，このグループは最も少ない群と見なされていて，症状の重症度も決して高くないと考えられていた。

　<u>第2のグループ</u>は，「不安／反抗群」であり，発話を促されたときに反抗的な行動を示すことがあるグループである。反抗的な行動には，走り回る，積極的な回避，頑固さ，行動の抑制を通して示される。こうした行動が場面緘黙と全く別のものなのか，コミュニケーションへの恐怖から生じる不安（およびその後の回避）の結果なのかはよく分かっていない。

　<u>第3のグループ</u>は，臨床的に明らかな社交不安を伴う軽度から重度のコミュニケーション能力の発達の遅れを示す「不安／コミュニケーション遅滞群」である。こうした子どもたちは，表出言語と受容言語の両方もしくはいずれかの発達の遅れを示す。研究では，症状の重症度や行動上の問題が「不安群」よりも大きく，さらにこの群が全体的に最も重篤な障害を有する可能性があるため，治療が最も複雑であることが示唆されている（Cohan, 2008）。

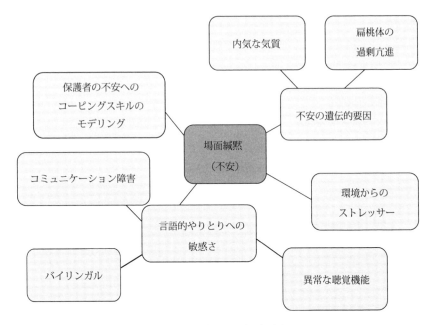

図2　場面緘黙の発達の概念化

以上を踏まえ，場面緘黙を総合的に発達的観点からその問題を概念化すると次のようになる（図2）。

9．恥ずかしがりやと場面緘黙の区別

多くの子どもが新しい場面や人に接したとき，はっきりした態度を示せなかったり，黙ってしまったりすることは普通のことである。例えば，転校したり，デイキャンプに参加したりする場合，私たちは，その子どもが新しい場面や人々に順応するまでの1日〜2日は大人しくしていることをまったく"正常"の範囲内だと捉えることだろう。恥ずかしがりやの子どもは，たいてい観察眼が鋭く，新しい情報をすべて取り込んでそれらを理解し，周囲の状況を把握しながら，徐々に打ち解けていくのである。何かを始めるのには時間がかかるし，発話やアイコンタクト，活動への参加もゆっくりである。しかしながら，時間の経過とともに，ゆっくりではあるが確実に，友人や大人と関わり，コミュニケーションを取り始める。こういった子どもは，内向的だとかただの"のんびりやさん"と捉えられることが多い。一般的に，内向

性は，性格特性のひとつだと考えられるので，ほとんどの状況で似たような行動を示す。

場面緘黙児の場合はそれとは異なる。最初は，はっきりしない態度をとっていて，引っ込み思案な印象を受けるが，結局，最後まで話すことなく新しい集団での活動を終える。しかし，彼らは学校が「大好きだ」と保護者にいい，担任の教師もまた，学校生活やクラスメイトとのかかわりを楽しんでいるように感じている。表面的には不安を表さない場面緘黙児もいるのである。しかし，一見すると居心地が良さそうに見えてはいるが，クラスメイトや大人のどちらか，もしくは両方と話しをしないというパターンが一貫して継続する。うまくやりとりができていて，集団に参加し，外見上リラックスしているように見えても，内気な子どもと同じような発話が伴ってこない。心の準備が整っても，依然として話しをしない。内気な子どもは，さまざまな状況で，同じようにためらいや抑制された態度をとる一方，場面緘黙児には2つの異なる性格特性があるように思われる。すなわち，公共の場で口を閉ざし，不安で抑制された態度をとる子ども像と，それとは反対に，気兼ねなく過ごせる場面では社交的で，魅力的でおしゃべりであり，時には横柄に振る舞う子ども像という2つの側面である。保護者たちは，わが子のこうした二面性に対して不満を感じるとともに，理解しがたいということを訴えてくることがある。そう訴えるのは，自分たち保護者以外の人たちに対して，普段の面白くて社交的でひょうきんで賢い「本来のわが子」の姿を見てもらえないからである。

DSM-5による診断基準を用いることも，場面緘黙と恥ずかしがりやを区別するのに有用である。気質的に内気で抑制的なだけの子どもは，DSM-5による場面緘黙の診断基準を満たしていない。よって，そうした特性は正常な行動の範囲内であるとみなされてしまうからである。

10. 場面緘黙だと分かったとき

「問題」の発見（例：学校側が保護者に子どもが教室で話しをしないことを知らせる）から治療の開始（学校での介入や保護者による発話への動機づけの促進，心理師による治療）までの平均期間は数カ月から数年かかる。実際，緘黙に対する支援をまったく受けない子どももいる。適切な診断と介入が遅

れてしまうことの背景には，多くの要因が存在する。保護者は他の親たちから「心配しなくても大丈夫よ。彼女はただの恥ずかしがりやさんなんだから」とか「そのうちきっと良くなるよ」という一般的なアドバイスを受ける。自分も学校で話しをするのが遅かったという経験を話す人もいるかもしれない（「3年生に上がるまで自分も学校でしゃべらなかったけど，今はこうしてしゃべってるんだから大丈夫だよ」）。場面緘黙の治療に関する知識やノウハウをもっている心理師を探すことが非常に難しいということもある。そうなると，保護者としては，子どもが成長して自然に話し始めるのを待つか，何の変化も起こらないが，大きな問題もなく，数週間，数カ月間，数年間を過ごしていくことが日常的になり，安心するようになっていく。

　その他，発話の遅れの要因として，場面緘黙が自閉症スペクトラムと誤診されることがあげられる。場面緘黙のいくつかの症状が，自閉症の特性（例：アイコンタクトの少なさ，表情の単調さ，ぎこちない硬い態度，失語）と類似しているため，誤診されるのは容易に想像できる。場面緘黙児が自閉症のような症状を呈するとき，それらの症状が特定の状況（特にその子どもが不快もしくは不安な状況に置かれているとき）でのみ現れているかどうかに注目する必要がある。これが，すべての状況でこれらの行動を示す自閉性スペクトラム症の子どもとは異なる点である。場面緘黙の鑑別診断についての詳細は，第3章を参照していただきたい。

　たとえ場面緘黙と診断されたとしても，多くの心理師や学校が効果的に場面緘黙を治療するための方法を知っている訳ではないということは知っておいた方がよいだろう。保護者の育て方が悪いと非難する傾向や，子どもの過去に恐ろしいトラウマがあったに違いないといった，場面緘黙に対する誤った情報が世間にはいまだにはびこっている。最近のワークショップで，キャンプ・カウンセラーをしている娘をもつ言語聴覚士が，その娘の体験について話してくれた。担当した子どもの中に，父親から性的虐待を受けていた子どもがいたのだという。言語聴覚士である彼女は，その話しに驚愕した。なぜなら，彼女はその子どもの家族のことをよく知っていて，その父親が虐待するなどということを想像だにしていなかったからである。さらに彼女がよく聞いていくと，その子どもが場面緘黙であることが分かってきた。彼女の娘さんは，父親がその子を虐待しているに違いないと勝手に思い込んでいて，「緘黙の原因は性的虐待なんでしょ？」と言ったのだという。これはとんでも

ない誤解である。緘黙児を抱える保護者を非難すること自体に問題があるだけでなく，虐待だと勘違いされとがめられた保護者は，警戒して子どもの援助を専門家に求めるのを妨げてしまう可能性すらある。

　最後に，かえって発話の増加につながると考え，発話を促すことを避けて話す機会を与えない方が子どもにとって良いという誤った情報もある。場面緘黙の専門家が少ないことや，治療方法の練習を受ける機会が少ないこともあり，多くの心理師は，見当違いの治療方法がかえって害を及ぼしてしまうのではという思いから，治療するという選択を諦めてしまうこともある。

第2章

場面緘黙を維持させている要因と
その影響

1．行動主義の考え方

　場面緘黙の概念を理解するには，行動の強化と罰という観点をもつことが重要である。すべての行動は，強化（似た状況化における将来の行動を増加させる）と，罰あるいは後続強化の除去（将来の行動を減少させる）によって決められる（図3）。

　私達はみな，何らかの動機にもとづいて行動している。多くの場面において，私たちは何の報酬も返ってこないような行動を取り続けることはしない。それは，時間と労力の無駄になるからである。私たちは，成果が強化されるから行動し，何らかのネガティブな事柄がなくなるように行動を継続するのである。つまり，何かを得るか，何かを避けるために行動するのが常である。

　正の強化を活用する良い例は，家事などのお手伝いである。子どもにベッドメーキングをさせたければ，子どもが自分からベッドメーキングをしたときに称賛（言語的強化）もしくはキャンディ・ステッカーやご褒美（ものによる強化）といった報酬を与え正の強化を行うというものである。効果的な報酬は子どもによって異なる。小さなステッカーのために一生懸命がんばる子どももいれば，より大きな称賛や特別な報酬を求める子どももいるだろう。その他の方法として，負の強化が考えられる。子どもがベッドメーキングする以外の別の嫌な家事を取り除くのである（例：「もしベッドメーキングできたら，お皿洗いはしなくていいわ」）。一般的に，強化は罰と比較して，より迅速に，より効果的に学習に作用しやすい。そして，誰に対しても多くの満足感や喜びを与えるものである。

第2章　場面緘黙を維持させている要因とその影響　35

ある行動が強化されると，似た環境におけるその行動の生起頻度は増加する。強化の
不足あるいは罰はその行動を減少させる。

| 行動 | 正／負の強化 | 行動の増加 |

正の強化－快刺激（強化子）を与えることによって行動を増加させる
　　例）トイレット練習中の子どもに，トイレに行くたびにご褒美として粒チョコの
　　　　　M&M®を与えることによって，将来的にトイレを使う可能性が高くなる。
負の強化－何らかの嫌悪刺激を消去することで行動を増加させる
　　例）頭痛になったとき，頭痛薬である Tylenol®を服用する。その薬が頭痛（嫌悪）
　　　　　を緩和したとすると，次に頭痛になったときに Tylenol®を服用する可能性が
　　　　　高くなる。

| 行動 | 正／負の罰 | 行動の減少 |

正の罰－何らかの嫌悪刺激を与えることによって行動を減少させる
　例）悪口を言う子どもの口を石鹸で洗う（嫌悪体験）。すると子どもは二度と
　　　　悪口を言わなくなる。
　＊注：正の罰は，とりわけ場面緘黙をもつ子どもにはうまく行かない奏功しない
　　　　　ことが多い。
負の罰－喜ばしい刺激（強化子）を消去することで減少させる
　例）きょうだいげんかをしたので，おやつを与えない。するとけんかをしなく
　　　　なる可能性が高くなる。

図3　行動主義における効果の法則

2．場面緘黙の概念化

　場面緘黙は，"負の強化"を通して不安を喚起するような状況を避けるパタ
ーンとして理解されている（図4）。
　この図4のような行動パターンとサイクルは，不安の遺伝的素因をもって
いて，コミュニケーションが要求される場面で不安になりやすいという生物
学的特性をもっている子どもに起こりやすい。第1章でも示したように，場
面緘黙児は，言語的問題や聴覚的処理の弱さ，もしくはその他の合併症をも
っていることもあり，言語的コミュニケーションそのものが苦手なので，コ

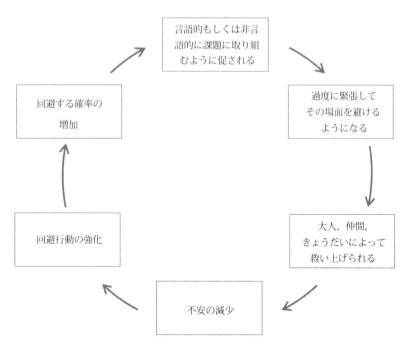

図4　場面緘黙の行動主義的概念化

ミュニケーションを求められると（例：教師からの質問），それを避けようとする（図の頂点の部分）。回避という行動は，不安に対する自然な反応である（不安に対する闘争・逃走反応で考えてみると，発話への要求から逃げていると理解できる）。コミュニケーションを回避された側の人は不快な気持ちになるので，場面緘黙児を"救済"または場面緘黙児の言いたいことを"代弁"するといった行動をとりやすい。この役割は，教師や保護者，友人，またはきょうだいが担いやすい。場面緘黙児（そして，そのコミュニケーション場面にいる他の人たち）は，コミュニケーションを回避すれば楽になるのは事実である。つまり，不安や不快感が減少するのである（図4の底辺の部分）。緘黙状態で不安が減少するという状況が，周囲の人々から強化されるため，場面緘黙児が次の機会に似たような状況に置かれた時にもコミュニケーションを避けるという行動が増えるのである。

　先に示した強化か罰かという観点から考えると，この状況は，まさしく"負の強化"の典型例であること理解できるだろう。場面緘黙児の支援におい

て，嫌悪刺激（不安）を取り除こうとすることこそが，その子どもの回避行動を強化することにつながってしまうのである。周囲の人たちもまた，その子どもの代弁をしたりすることで，コミュニケーションしなくてもよいような“救済”的行動をとりやすい。そして，その救済的行動自体もまた強化されていく。周囲の人たちの代弁や救済が増えれば，場面緘黙児の発話や質問を減らすことを逆にサポートしてしまうのである。例えば，場面緘黙児が答える機会が与えられていても，友人たちは，その子が発話する前に「ジョニーはしゃべらないからいいよね」と救済してしまうということが起こってくるということである。

　私は，こうした行動パターンは，もっぱら不安が喚起されることによって始まる（過度な不安状態になることで発話ができなくなる）と仮定しているが，発話を回避する行動それ自体は強い不安によるものではなく，学習された回避メカニズムによるところが大きいと考えている。つまり，言語的コミュニケーションの回避を身に着けていくにつれて，場面緘黙児たちが不安を感じなくて済むように学習していくという訳である。

　実際の例を考えてみよう。ある子どもが母親と一緒にお店にいるとする。その子どもに別の大人が近づいてきて，その子の服装を褒めたとする。母親もその大人も，子どもが「ありがとう」と言うことを期待して，子どもの反応をみるというのが普通だろう。しかし，その相手が場面緘黙をもつ子どもであったらどうなるだろうか？　おそらく顔を隠すか，母親の後ろに隠れるか，または黙ったままでいるだろう。まさにこのとき，大人たちがその気まずい雰囲気と沈黙から子どもを”救済する”行動をとる訳である。母親が子どもの代わりに「ありがとうございます」と言うこともあれば，話しかけた人が「あー，恥ずかしがりやさんなのね」のような声掛けすることもあるだろう。そうすることで，子どもは発話することを期待されることへの不安から，母親とその大人はこの気まずい雰囲気と沈黙から解放される。ここにいるすべての人は，負の強化（不安の除去）を受け，この行動パターンが続いていくこととなる。

　ここで重要なのは，保護者も他の大人もこれらの行動のもつ意味について，深く考えてはいないということである。不安な状況で苦しんでいる子どもを見て楽しむような保護者も大人もいるはずはないし，可能な限り子どもの不安を何とか下げたいと思うのは，良識ある大人として当然の反応である。こ

れは，子どもへの思いやりと共感から起こることである。私たちは子どもに対して，先に示したように働きかけて，子どもを不安から解放することができるが，それは同時に，大人もまた，子どもの不安を下げるための行動を学習しているともいえるのである。教師が子どもに質問することをやめたり，クラスメイトとのグループ活動に参加させなくなったりしていくのも学習の結果である。話さないことに合わせて環境調整や配慮を行い，話す代わりにささやき声や非言語的コミュニケーションを使うことを許可するようなかかわりができ上がっていく。子どもだけではなく周りにいる大人も，不安を避けるためにその子どもは発話しなくてもよいという雰囲気になってしまう。しかし，子どもが，声を出して話す機会をもつことができないことはとても深刻で大きな問題である。場面緘黙をもつ子どもが質問に答えたり，言葉を使って人と関わる可能性は低いかもしれないが，その機会が与えられなければ，場面緘黙の子どもが自己主張したり，話したりする見込みは限りなくゼロに近くなってしまう。この行動パターンが継続すればするほど，周囲の大人たちやクラスメイトたちの回避を救済するようなかかわりも確実に増えていく。

　この行動パターンが生じる回数を考えてみてほしい。質問に答える，電話で話す，人に何かを伝える，情報を要求する，または会話を維持するなどを含めて，あなたは一日にどれくらいの回数話そうとしただろうか？　おそらく一日で数 100 回だろうか。低く見積もっても，通常の子どもであれば 1 日におよそ 100 回は言葉でかかわりをもっていると仮定することができるだろう。そう考えると，この行動パターンの練習機会は，週に 700 回，月では 3,000 回，年だと 36,500 回にのぼる。どんなことであっても繰り返し練習すれば，すぐに上達するし自然にできるようになってくる。しかし，この行動パターンに陥った子どもたちは，回避する機会を同じ回数だけ得ていることになる。したがって，要求を非言語的コミュニケーション，ささやき声などを通して伝えることといった代替行動を行うようになっていくのである。

　同時に，大人たちは子どもを不安場面から何度も繰り返し"救済する"ことになる。子どもを救おうとする行動自体は，家族関係の問題や保護者の精神病理が原因ではない。これは，子どもを気にかける大人としての自然な反応である。緘黙児を不安から守る大人やクラスメイトの愛情や思いやりによる行動ともいえるだろう。しかし，これらの行動は子どもの不安を持続させ，

時間の経過とともに不安をさらに増幅させる原因にもなっているため見過ごすことはできないのである。

　場面緘黙児が発話を回避する行動は，不安からくるものではなく，単なる自己防衛や自分にかかわる周りの人々を操作しようという意図的な表現であるという主張があるのも事実である。場面緘黙の子どもは，不安を喚起する人間関係を巧妙に避けていて，第三者の目には反抗的に映ることもあるので，不安を感じているとは思えないのである。しかし，回避という反応が反抗的なものとしてみえていたとしても，場面緘黙児にとって回避は，あくまでも不安に対する反応なのである。例えば，私はジェットコースターがとても怖い。この恐怖は年齢を重ねるにつれてより強くなっている。ジェットコースターの近くにいるだけで，私の中で闘争・逃走反応が働き，全力でジェットコースターに乗ることを避けることだろう。無理やりジェットコースターに乗るよう促されたら，私は反抗的になるだろう。しかし，私はジェットコースターを避けるときにみせるような不安な表情を，日常場面で通りがかりの人に見せたりはしない（私は非常によく訓練された回避パターンを獲得しているといえる）。つまり，ジェットコースターに近づいた時の私の反抗的態度は，私の反抗的な性格から生み出されたのではなく，不安に対する回避反応の結果なのである。こう考えると場面緘黙をもつ子どもがみせる反抗的態度は，発話という行動に対してたまたまとる反応だということを理解できるだろう。

3．保護者，きょうだい，クラスメイト，教師たちへの影響

　私の相談室に来談してくる保護者の多くは，子どもの不安の問題について悩み，どうにかしてわが子の不安を解消し，楽しい生活が送れるようになり，子どもらしさを取り戻させてあげたいと願っている。それと同時に，公共の場など家の外での子どものふるまいや問題に対しては，心の奥では怒りと鬱憤，困惑と恥ずかしさを感じていると訴える。丁寧に接してくれる人の声掛けに対して，子どもが何も答えることができないでいる状態，どう反応したらよいかが分からず困っている。そうすると，周りの保護者たちは，参考になればと，自分の家での子育て論を語ったり，ただひたすら“辛抱強く”子どもと接することが大切なことだ，などと求めてもいないアドバイスを保護

者たちは受けることになる。子どもを無理やり話させようとしてもうまくはいかない。多くの保護者たちは，子どもが勇気と強さを発揮していくためにどうしたらよいか，どのように働きかければよいか分かってはいない。興味深いのは，場面緘黙児が丁寧語を話すのを嫌がることがあり，それを保護者たちは周りに対して，申し訳なく恥ずかしいと感じていることである。実際，彼らは，「こんにちは」「さようなら」「ごめんなさい」「お願いします」「ありがとうございます」「失礼します」といった言葉を発することが非常に難しい。これらを緘黙児に話させようとするとほとんどの場合，回避され失敗に終わる。さらに興味深いのは，場面緘黙をもつ子どもは，なぜかこれらの丁寧語を使って会話してくる人を怖がる傾向があるということである。私は，治療を始めるに当たって，保護者に対して，子どもに丁寧語を使うことを強要しないようお願いしている。丁寧語を使うことは後半の治療目標である。

　きょうだいもまた場面緘黙の影響を受けやすい。きょうだい（特に一卵性双生児）で場面緘黙の特徴を示すことがある。不安には遺伝的素因があることやきょうだいが一方のきょうだいの回避パターンをモデリングしやすいことを踏まえれば，このことは十分に納得がいく。あるいは，きょうだいの緘黙状態を補うために，代わりに質問に答えたり，外交的でアサーティブ[訳注1]な性格になったりすることもある。緘黙児が発話を求められるような場面に置かれたときに，他のきょうだいがそこに仲介して"救済する"という流れもでき上がっていく。

　クラスメイトによる場面緘黙児の受容度は学年が低いほど高く，たとえ緘黙児が言語による反応をしなくても一緒に遊んだり，関係をもち続けたりすることが多い。しかしながら，年齢を経るにつれて，場面緘黙の特徴（例：言語的・非言語的に反応したり会話に入ったりすることの難しさ，グループ活動に参加することができないなど）がクラスメイトから疎んじられることが起こってくる。高学年の子どもたちの交友関係は，その関係性が遊びから相互的コミュニケーションや相互理解によって培われるものへと変化するにつれて減っていく。よって，学年が上がってくると，クラスメイトは場面緘

　訳注1）アサーティブ：Assertive の訳は，「自己主張すること」であるが，アサーティブであることは，自分の意見を押し通すことではなく，自分の要求や意見を，相手の権利を侵害することなく，誠実に，率直に，対等に表現することを意味する。

黙をもつ子どもへの理解がなくなっていき，活動から除外し始める。治療されないまま放置されていると，場面緘黙児は将来的に社会からも疎外される可能性が高くなる。クラスや社会の中で存在そのものを忘れられ，誰ともかかわり合わず，誰にも活動に誘われなくなった子どもの姿がそこにはある。

　教師ら学校関係者も，場面緘黙児に対して保護者と同じような反応をとる。すなわち，緘黙児が不安を喚起される場面で混乱したり，何もできなくなったりしてしまうのではという心配と，どうにかして援助したいと考えれば考えるほど湧き上がってくるフラストレーションや苛立ち，困惑の間で揺れ動く。教師たちが場面緘黙とかかわるときに一番苦しむのは，緘黙児の学力を評価したり，クラス活動に参加させたりする時である。さらに，多くの教師は，緘黙児が自分に何も話してこないことに対して傷つきの感情をもっているという。しかし，話しかけられないことは教師自身もしくは教師のパーソナリティとは全く関係はない。場面緘黙児の発話のパターンには，ある場面やある状況下における"暗黙のルール"が存在している。多くの場合，緘黙児自身がその"ルール"を説明することはできないが，彼らの行動観察からその"ルール"を明らかにすることはできる。もしかすると，学校では友だちと話せないが，サッカーをしているときには話をするかもしれない。家の敷地内ではお父さんやお母さんと話しをするが，一歩でも歩道に出ると言語による応答をやめるかもしれない。特定の教師とは話しをするが，それ以外の教師とは話さない子どももいるだろう。そこには，これらの"ルール"や何らかの理由が存在しているが，緘黙児自身もその理由がよく分からないので，クラスメイトや教師と同じようにフラストレーションを感じているはずである。クラスメイトは，緘黙児は場所が変わった途端に，突然話さなくなってしまってどうしたのだろうと思うだろうし，親切に接していると思っている教師は，緘黙児が自分とは話しをしないのに，なぜ，ぶっきらぼうで気難しい用務員とは話しをするのかと戸惑うことだろう。私たちは，我々にもわからない，そして**緘黙児自身も気づいていない**，緘黙児の発話に影響を与えている何らかの"ルール"があるということだけは理解しておいた方がよいだろう。場面緘黙児の発話の問題は，その子ども自身の問題でもなければ相手の問題でもない。つまり，緘黙児が感じている不安症状の理解だけでは，発話の問題を完全に理解したことにはならないのである。

4．発話の回避がもたらす弊害

　公共の場において，発話の回避が継続していくと，学業面，社会生活面に長期的な影響を及ぼすことが考えられる。場面緘黙をもつ子どもはとても行儀が良いので，たとえクラスの活動には参加できていなくともその活動を妨害したりはしない。しかしながら，現在の教師達は，教員養成の課程において，チームラーニング[訳注2]やプレゼンテーション，パートナーリーディング[訳注3]，グループディスカッションといった学習活動を行うように教育されている。授業は一方的に聴くだけではなく，理解したことやその成果を口頭発表したり，パートナーリーディング，グループ活動などを通して学習したりすることによって進められていく。そのため，これらの活動に参加できない場面緘黙児は，学校での学習において種々さまざまな課題を抱えている。第1に，場面緘黙児に対して，特にリーディングによる評価やテストが難しいという問題がある。発話しないので，教師はじめ学校関係者は子どもの概念理解の到達度を評価することができないし，結果をフィードバックすることもできない。第2に，場面緘黙児がグループでの課題や活動に参加できないという問題がある。現在，社会的に求められている課題解決の能力は，グループ活動のやりとりの中で他者と折り合いをつけながら共同作業を行うことで効率的に培われていくと考えられているため，そこに参加できないという問題は大きい。第3に，場面緘黙児は，口頭によるプレゼンテーションやディスカッションを練習や経験する機会がないという問題がある。最後に，場面緘黙児が，理解できないことを教師に質問したり，理解できていない内容を教師が確認したりすることができないという問題がある。例えば，数学が，これまでの知識の積み上げをもとに学習されていることを考えてみてほしい。もし緘黙児が特定の数学的スキルを理解しておらず，教師にもっと詳しく説明して欲しいと伝えられないと，その子どもの後の数学的概念獲得が

訳注2）チームラーニング：集団で対話と議論を通して，同じ目的に向かって協調しながら学習することで，各人の能力を高めていく学習方法。
訳注3）パートナーリーディング：二人で協力しながら教科書やテキストを読みながらその内容を理解し，パートナーがしっかり理解しているかをお互いに確認し合う学習方法。

遅れていくことになるだろう。また，緘黙児が，実はそれを理解しているにも関わらず，理解していることを表出できなければ，もっている能力と評価された結果の間のギャップはどんどんと広がっていくことになる（Sharoni, 2012）。

　学業的影響に加えて，社会的影響も見過ごすことはできない。緘黙児がいじめに遭う頻度はそれほど高くないが，友だちを作り交友関係を維持することは困難である。場面緘黙をもつ子どもは，生まれてから小学生になるまでの間は社会生活を送る上でそれほど困難はないが，小学校に上がると，場面緘黙児は他の子どもとは別に特別扱いを受けるようになる。緘黙児はクラスメイト（"助けてくれようとする"優しさをもっているが，悲しいかな，言葉でのやりとりの期待や機会を減らしてしまう人たち）によって，まるで能力が劣っている年下の子どものように扱われがちである。クラスメイトたちは彼らの保護的役割を引き受けることになるが，そうした善意とは裏腹に，このことが問題を維持させてしまうのである。こうして，場面緘黙をもつ子どもは"しゃべらない子"として特別扱いされるようになっていくのである。

　最後に，公共の場および課外活動における行動的影響について考えてみよう。場面緘黙児は自分の意思や要求を言葉で伝えなくてはならないような活動に参加することは難しい。一番心配なのは，緘黙児が危険にさらされたときに助けを呼んだり，トラブルに見舞われたりしたときに，大人にその危機状況を伝えることができないということである。私のクライエントのひとりの子どもがある日，学校から家に帰る途中で側溝に落ちたことがあった。彼女は脚と足首をケガしてしまい，側溝があまりに深すぎたためそこから脱出することができなかった。助けを呼ぶこともできないため，彼女は発見されるまで数時間そこに横たわっているしかなかった。

　場面緘黙が治療されないまま放置され，その症状が進行してしまうとその予後は芳しくない（Steinhausen, 2005）。全般性不安障害や，特定の恐怖症，大うつ病に罹患するリスクがかなり高いことも報告されている。学年が上がるほど不登校の発生率も高くなり，学業成績の落ち込みも顕著になってくる。また，成人期においては，アルコールやマリファナを乱用する可能性や，社会性が求められない職業を選択するので仕事の幅も制限されてしまう。場面緘黙を児童期の精神疾患として考えると，こうした症状をもつ成人は深刻な社交不安もしくは回避性パーソナリティ障害と診断され得る。こうした一連

の影響を鑑みると，場面緘黙の発症早期における治療的介入の必要性はかなり高いことは明らかである。早期かつ効果的な介入を行うことによって，子ども自身とその周りにいる人々への望ましくない予後や影響を減らすことができる。

　残念なことに，早期介入は混乱を生み出すだけといった誤った情報が流布している。場面緘黙に関するいくつかの論文やウェブサイトでは，「子どもに話すように勧めない方がよい」とはっきり述べているものもある。すべてのプレッシャーがなくなれば，自然と子どもは話し始めるという主張である。しかし，介入をしなくても発話は自然と起こるという仮説を支持する研究はひとつもないのである。もしあなたが，自分を不安にさせるような人や出来事とのあらゆる接触を避けたとして，ある日突然それらを怖がらなくなったりするなどということが起こるだろうか？　そんなことは起こらないはずだからである。

　以下の例について考えてみたい。犬嫌いのジョーイという少年がいる。彼が犬を怖がるので，家族も友だちも完全に犬を避けられるように彼の日常生活を管理している。家族は，犬を飼っている友だちの家に行くことをやめさせ，犬を連想させるすべての本やビデオを捨てる。さらに，犬を目にする可能性もあるので外に散歩に行くこともやめさせる。こうすることでジョーイが突然犬を怖がらなくなるということがあるだろうか？　犬が素晴らしいペットであると感じることができるだろうか？　彼が保護者に対して「あんなに犬を怖がっていたのがバカみたいだね。今は犬が大好きでしょうがないよ」と言うようになるだろうか？　実際，彼自身が犬を怖くないものとして体験する機会をまったくもたなければ，その恐怖はより深く染みついていき，犬が危険であるという思いはそのまま変わらないはずである。

　犬への恐怖に対処したり，その恐怖を減少させたりするために，家族や周囲の人たちはゆっくりかつ丁寧に犬と引き合わせていく必要がある。その経過を経て，彼は犬に対する異なるイメージを持ち始めるようになるだろう。すべての犬が怖いものであると見なすのではなく，一緒にいて安心できる犬もいるということが分かってくるだろう。このような子どもの恐怖反応へのアプローチによって，子どもは無理なく恐怖に直面していく練習を積み怖くなくなっていくことができるようになる。同様に，場面緘黙児に対してコミュニケーションへのエクスポージャー[訳注4)]や発話を促す介入をなくしてし

まったら，彼らがいきなり発話をする確率は極めて低くなるに違いない。

　場面緘黙児に対して"様子を見守る"というアプローチは，日常的に行われているコミュニケーションの回避パターンを黙認していることと同義であり，症状を悪化させる極めて悪質で有害な方法でしかない。このアプローチは回避パターンを強めるだけである。よって，緘黙児が新しい"勇気をもった行動"を実践することなく過ぎ去っていく日々は，回避行動の練習を積み重ねていく日々と一緒なのである。回避パターンの日々が続けば，それを克服する日はますます遠のいていくだけである。

　"しゃべらない子"のことを想像してみてほしい。ただ話さないだけ，ということを理解することはかなり難しい。したがって，緘黙児のまわりにいる人々は，おそらく緘黙児が発する最初のひとことに過剰に反応するに違いない。過剰な反応が緘黙児を不安にさせてしまう。介入すべきことはたくさんあるが，早いうちに緘黙児の"しゃべらない子"というイメージを取り払うことは重要である。のちのち起こってくるコミュニケーションにおいて他者からの過剰反応を減らすことができるからである。また，早期介入は彼らの自己効力感を促進することにもつながっていく。自己効力感とは，彼ら自身が勇気をもった存在であること，行動を変えていけること，目標を達成できるだけの能力をもっていると感じられることである。場面緘黙をもつ子どものほとんどが，発話したいという欲求をもっているのである。そのことを念頭に置いて援助すれば，彼らは確実に成功体験を得ることができるはずである。最近のセッションで，小学1年生の場面緘黙児と私はおしゃべりをしていた。しばらく時間が経って，私は彼女に，「どうしてここ（相談室）では簡単におしゃべりができるのに，学校ではそれができないのか教えて」と尋ねた。すると彼女は笑顔で，「（相談室では）エイミー先生は私にしゃべらせてくれるから」と答えてくれた。私も笑って，「そのうち学校のみんなもあなたにしゃべらせてくれるかもしれないよ」と伝えた。すると「そうしてくれればいいのに」と彼女は答えたのである。彼女は単に言葉を発せられないだけ

　訳注4）エクスポージャー：暴露療法ともよばれる。恐怖を抱いている物や状況に対して，危険を伴うことなく直面させ，恐怖反応が生じなくなるまで長時間身をさらす治療技法。全般性不安障害，社交不安障害，強迫性障害，PTSD，特定の恐怖症などの障害の治療について，その有効性が裏付けられている。段階的に恐怖場面に直面させる段階的エクスポージャーを指して単にエクスポージャーと呼ぶことが多い。

であって，本当は学校でも話しをしたいと強く願っているのである。

　私たちは，保護者として，教師として，学校関係者として，そして心理師として，子どもたちに有意義で幸福な時間を過ごしてほしいと願っている。治療を受けないことで，子ども達の幸せを奪ってしまうことは決して許されない。場面緘黙の子ども達により良い変化をもたらすためにも，私達は早期的に介入するということが何よりも重要なのである。

第3章　場面緘黙のアセスメント　47

第3章
場面緘黙のアセスメント

　場面緘黙の診断はそれほど難しくはない。子どもが，家庭では話すのに学校や公共の場では話さない場合，おそらくその子どもは場面緘黙と診断できる。しかし，それと関連する問題との鑑別診断を行うことや，効果的な治療方針を導き出すことは決して簡単なことではない。場面緘黙の心理学的アセスメントは，他の問題や障害と同様，子ども本人と家族の状況を丁寧に把握することが必要である。環境要因をそれほど考慮しなくてもよい問題や障害もあるかもしれないが，場面緘黙のアセスメントにおいては，特に子どもの学校生活や社会生活の様子について，かなり徹底的な聴き取りが必要となる。場面緘黙のアセスメント（および他の疾患の除外）には以下の4段階のプロセスが考えられる。

　　1．保護者，教師，関係者との診断面接
　　2．尺度評定
　　3．新しい場面や他者と一緒にいるときの子ども状態の観察
　　4．関連・併存疾患（障害）の除外

1．診断面接

　診断面接は，場面緘黙の子どもの問題を見立てるために最も重要なものである。まず，臨床家は，子どもの発話がない最近の状態について，正確にその状況を特定する必要がある。そのために，保護者，教師，関係者との面接を通して，以下の情報を詳しく聴取しておくことが望ましい。

　子どもが最近話していたのは誰か？　誰となら話すことができるのか？もっともコミュニケーションが取れる人は誰か，子どもがコミュニケーションを取ってみたいと思っている人は誰か？　もっともコミュニケーションが

取れそうもない人は誰か，コミュニケーションを取りたくないと思っている人は誰か？　を特定する。

　子どものコミュニケーションの動機づけを高めるものは<u>何か？</u>　あるいは，どのような状況ならばもっとも話しができそうか？　他に必要なものはあるか？　誰か知らない人に質問された時に，子どもはどのような反応をするか？　大人と一対一の場面で質問された時にどのような反応を示すか？　クラスメートから質問された時はどうなのか？　緘黙児が話す可能性の高い活動があるとすればどのような活動なのか？

　子どもが話をできる場所は<u>どこか？</u>　家の中だけなのか？　誰も見ていない，あるいは聴いていない公共の場ではどうか？　教室ではなく校庭なら可能か？

　<u>どのように子どもはコミュニケーションを取っているか？</u>　ジェスチャーで？　書いて？　音で？　ささやき声で？　小さな反応で？

　面接を通してこのような点について詳細な情報が得られると，明確な治療方針を立てることができる。例えば，店の中では保護者と話せているにも関わらず，それを目標にして治療をすることは，時間と労力の無駄になってしまう。また，慣れていない教師と話させようとすることなどを援助目標にすることも高すぎる目標となってしまうので避けた方が良い。診断面接の際，用いることのできるフォーマットを付録資料（**資料1**）に掲載しているので是非活用してほしい。診断面接はインタラクティブかつ対面で行われることが最も重要なので，質問紙を与えて回答してもらうだけでは不十分である。対面での面接によって，面接者は子どものコミュニケーションの詳細な情報を得ることができる。

2．評定尺度と評定スケール

　診断面接の後，評定尺度や評定スケールを用いることで，場面緘黙の症状だけではなく，関連する不安症状などについて，緘黙児と"定型発達の同

年齢集団"とを比較することができる。現在のところ，Selective Mutism Questionnaire（Bergman, 2008）が場面緘黙かどうかを評価する唯一の質問紙である。Selective Mutism Questionnaire（SMQ）は，3つ主要領域（家庭，学校，公共の場）における子どものコミュニケーションに関する情報を得るために開発されたものである。SMQ は保護者による回答方式の尺度である。3歳から11歳の子どもを対象とし，17項目からなる標準化された質問紙である。保護者はそれぞれの状況における子どもの発話頻度と会話可能な他者について評価する。それぞれの項目の頻度は，4件法（3＝いつも，2＝度々，1＝ほとんどない，0＝全くない）で評価され，評定得点の低さは発話量の少なさを示す。評定得点は，場面緘黙をもつ子どもが属する"臨床群"と比較される。また，発話行為が基準内にあるかどうか，または"定型発達の同年齢集団"と有意に差があるかどうかで判定する。SMQ は，他の不安障害をもつ子どもを検出することなく，場面緘黙をもつ子どもだけを判別する信頼性の高い尺度である。

　SMQ は，量的側面と質的側面の2つの側面で使用することが可能である。量的側面として，前述のように SMQ から得られた得点を場面緘黙の診断の裏づけとして使用できる。また Elisa Shipon-Blum 博士の開発した Selective Mutism-Stages of Communication Comfort Scale©️ (SM-SCCS) を併用することで場面緘黙の重症度を判定するとともに，学校における治療目標を作成する際の質的側面に利用することもでき，緘黙児の現在のコミュニケーション段階を判定することも可能である。SM-SCCS による社会的コミュニケーションとれる4つの段階については付録資料（資料2）を使って対象の子どもを評価してみて欲しい。

　SM-SCCS では，例えば，保護者が子どもの社会的場面全般での発話を0点と評価したとすると，その子どもは社会的場面全般における発話能力がステージ0であると判断される。学校場面での得点が1点だった場合，学校場面における発話能力はステージ1であると判断することができる。SMQ と SM-SCCS を使うことによって，心理師や保護者が現在の子どもの発話状況を理解しやすくなるだけではなく，特別支援教育における目標設定や支援計画を作成する際の情報を得ることができる。特別支援教育の評価と支援計画に関するより詳しい内容は第7章で紹介する。

　SMQ や SM-SCCS に加えて，子どもや保護者，教師に対して他の不安やメ

ンタルヘルスに関する尺度を追加することもできる。場面緘黙をもつ子ども
に追加して尺度を使用するに当たり，適用年齢という問題がある。つまり，
場面緘黙と診断されるのは低学年（8歳以下）であるが，多くの不安尺度は
8歳以上を適用年齢としているのである。以下に場面緘黙に用いることがで
きる不安などの尺度を紹介する。

- Screen for Childhood Anxiety Related Emotional Disorders（SCARED）：
  自己評価と保護者評価の両方によって，分離不安，社交不安，全般性不
  安障害，強迫性障害，パニック障害，外傷後ストレス障害，特定の恐怖
  症を含んだ児童期の不安障害の症状を測定できる尺度。適用年齢8〜18
  歳。
- Social Phobia and Anxiety Inventory for Children（SPAI-C）（Beidel, 1996）
  ：3年生程度の読解力が必要で，子どもの自己評価によって社会的場面
  における潜在的な不安喚起の範囲を評価。適用範囲8〜14歳。
- The KID-SCID（childhood disorders version of the Structured Clinical
  Interview for DSM-IV）（Matzner, 1997）：7〜17歳を対象とした，気
  分，不安，破壊的行動障害に関連した質問で構成される構造化面接。
- Multidimensional Anxiety Scale for Children（MASC）（Pearson
  Education）：不安による身体症状，社交不安，分離不安，パニック障害
  を含む不安症状を査定。適用年齢8〜19歳。
- Behavioral Assessment System for Children（BASC）（Reynolds, 2004）：
  行動スケールと自己評価式パーソナリティスケールで構成され，内在化
  および外在化された症状と適応スキルを測定。適用年齢4〜18歳。

3．構造化行動観察

　治療計画を立てていくにあたって，子どもにとって，どんな言語的コミュ
ニケーションを促す必要があるのか，そのために，どんな人や場面が提供さ
れるとよいのか，どんな強化子が最も役立ち，家庭や教室で使いやすいか，
教師やクラスメート，きょうだい，友人からもたらされる強化はどのような
ものか，などを把握しておくことが必要である。診断面接や評定尺度によっ
ても有益なデータを得ることはできるが，行動観察は介入に結び付く重要な

情報を提供してくれる。実際，行動観察は場面緘黙のアセスメントおよび治療における"要"とされている (Kearney, 2006)。計画的に治療を進めていくために，一般的に心理師は子どもに対してさまざまな場面で構造化観察を行う。可能であれば，以下の主要な3場面においてなされるのが望ましい。

1．**家庭における構造化観察**
　　a．子どもが心地よく，リラックスしていて，発話がみられる場面の撮影
　　b．家庭場面での臨床家とのやりとり（例：家族関係を詳しく知るために専門家が家庭訪問し，子どもがもっとも快適だと感じている環境で子どもと遊ぶ）
2．**学校における構造化観察**
　　a．教室で子どもの発話状態に影響を与えていると思われるクラスメイトとの相互作用の観察（行動の機能分析については下記を参照）
3．**新奇場面（相談室，レストラン，お店など）における構造化観察。構造化観察シートを付録資料（資料3）に掲載しているので活用して欲しい。**
　　a．プレイルームなどの新奇場面での保護者とのやりとりの観察
　　b．そのやりとりに見知らぬ大人か子どもを参加させたときの様子の観察
　　c．その見知らぬ人が子どもに投げかける質問の難易度を徐々に上げていく（閉じられた質問[訳注1]→選択式の質問→開かれた質問[訳注2]）
　　d．見知らぬ人が退室し，子どもの症状がベースラインに戻るかの観察

　子どもが観察する専門家のことを知らなければ，一番初めの観察は教室で行われるのがよい。こうすることで子どもが観察されていることに気づきに

訳注1）閉じられた質問：クローズド・クエスチョン (closed question) ともいう。相手が「はい」「いいえ」あるいは一言で答えられるような質問形式のこと。たとえば，「今日はお休みですか？」「ご出身はどちらですか？」などがあげられる。質問する側は必要な情報だけを得ることができ，答える側は答えるのに苦労しなくてすむ。
訳注2）開かれた質問：オープン・クエスチョン（open question）ともいう。応答内容を相手に任せる質問形式であり，「どのような御用ですか？」「もう少し詳しくお話しいただけますか？」「それからでどうなりましたか？」「そのときどのように感じましたか？」などがあげられる。コミュニケーションを深めるためには，開かれた質問を多く用いる方が良い。しかし，初対面で緊張度の高い場面などでは，話が広がらず苦痛になることもある。

くくなるので，観察がしやすくなる。ちなみに，私は自分の相談室で観察を
行うことにしている。私の相談室には，ワンウェイミラーと音響システムを
備えたプレイルームがあり，そこでは，遊び場面における保護者と子どもの
やりとりを観察できるようになっている。ワンウェイミラーがない場合には，
プレイルームにウェブカメラを設置すればよいだろう。観察は同じ部屋で行
われるのが望ましい。そして，観察するとき，こちらは，なるべく静かで控
えめな態度でいることが求められる。観察者の存在が子どもの行動を変容さ
せてしまうかもしれないので，存在が意識されるような観察の仕方はふさわ
しくない。

4．学校場面における行動観察

　学校場面における観察は，場面緘黙をアセスメントする上で膨大なデータ
と情報を提供してくれる（Schill, 1996）。治療を計画するための情報を得る
ためには，診断的面接と同じ観点から行動観察すればよい。すなわち，「子ど
もに話しかけるのは誰か？」「子どもが話をするのはどこか？」「どのように
コミュニケーションをとっているか？」である。これらの情報に基づいて，
臨床家はコミュニケーション行動をコード化（例：ジェスチャー，ささやき，
音声，一語文反応，二語文反応，長い発話，行為など）していく。また，観
察によって緘黙児が誰に対してコミュニケーションをとっているか（例：知
っている大人なのか全く知らない大人なのか，知っているクラスメートなの
か，全く知らない他の児童生徒なのか，など）を記録していく。子どもがど
こでコミュニケーションを取っているかを追跡していくこと（例：一対一場
面か，小グループ場面か，クラス全体を前にした場面か）も必要である。最
後に，緘黙が起こりやすい場面とそうでない場面（例：発話が要求され期待
されるような状況，発話が要求されず期待されていない状況）や緘黙状態に
なってしまってからその後どのような経緯を辿るのか。また，発話を促す可
能性のある強化子を記録しておくことも重要である。学校場面における機能

　訳注3）機能的行動分析：行動の形態や頻度，持続時間だけではなく，環境との相互作
　　用から行動の機能（目的，働き）に注目し，行動に先行する出来事（刺激）と行動の後
　　に起こった結果との関係から行動の機能を把握，推測する手続き。治療的介入の手が
　　かりとなる。

的行動分析[訳注3]観察シートを付録資料（**資料４**）に掲載しているので是非活用して欲しい。

　場面緘黙をもつ子どもが，観察場面（特に一対一の場面では）で観察者と発話することがあり驚かされることがある。Kurtz（2011）によると，場面緘黙児とのラポール形成のためのやりとりを行った際に，27％の子どもが最初の質問に反応し，36％が２回目の質問に，43％が３回目の質問に反応したことを報告している。このことは介入方法や支援計画を検討する際に知っておくと役立つだろう。

５．併存疾患（障害）の除外

　前章でも述べたように，不安障害や言語障害など場面緘黙と関連して起こる疾患はさまざまである。自閉性スペクトラム症と場面緘黙が併存していると診断されることは多い。場面緘黙とその他の不安障害や発達障害，言語障害などとの違いは，場面緘黙をもつ子どもは，ある特定の場面で話しをすることができるにも関わらず，不安のためにその他の場面で同等の発話の質・一貫性・量を保てないという点である。したがって，発達的なレベルでコミュニケーション障害をもっている子どもが，ある一場面で話しをすることができる一方で，別の公共の場ではそれができないとすれば，その子どもは自閉性スペクトラム症と場面緘黙を両方もっているとみなされることになる。自閉症スペクトラム障害と場面緘黙を区分するには，家庭などの安全で安心な場面における行動と，学校で社会的な課題を行うことが求められる場面における行動の明確なギャップを把握することが必要である。他の障害を評価するために，下記のような心理・教育的評価を行うとよい。

- ・発話／言語評価
- ・知的機能の評価（Leiter-R のような多次元非言語性知能尺度が最適である）
- ・教育的評価
- ・聴覚機能の評価
- ・顎，舌，口唇の筋肉の協調や強度といった口腔運動検査
- ・Autism Diagnostic Observation Schedule（ADOS）などに基づいた自閉性

障害の症状評価。ADOS の採点基準は検査実施者とのコミュニケーションの評価に基づいている。場面緘黙をもつ子どもの場合，言語的，非言語的にいつもコミュニケーションを取れない場合があるので注意が必要である。したがって，ADOS は自閉性障害の評価のみに使用すべきである。

6．診断をめぐって

　診断を下すことができるのは誰なのだろうか？　確定診断は，心理師やその他のメンタルヘルスの専門家，ソーシャルワーカー，精神科看護師，言語聴覚士，小児科もしくは精神科の医師によってなされる。評価と治療を行っていく上で，多くの専門家が連携しチームとして機能するが，言語聴覚士はその中でも特別な役割を果たす。

　言語聴覚士だけが場面緘黙の評価および治療において違和感や矛盾を察知することができることが少なくない。言語聴覚士が治療そのものに参加することもあるし，場合によっては，不安の治療を行う専門家にリファーすべきと助言することもあるだろう。もしかすると言語聴覚士は，不安障害の治療に関与しているとは思っていないかもしれない。なぜなら，場面緘黙は不安障害ではあるが，コミュニケーション障害でもあるからである。社会的やりとりによって言語学習はなされており，社会的やりとりが少ない子どもは言語学習，訓練のための機会がますます少なくなっていく。したがって，評価と治療のチームに言語聴覚士がいるととても心強い。

　評価における言語聴覚士の役割は分かりやすい。根本的なコミュニケーション障害を除外し，常に正確な発話を行う上で，子どもの能力に影響を与えている症状や状況，弱点などを特定することができる。前述のように，もし子どもが根本的なコミュニケーションの障害をもっている場合，その子どもは場面緘黙であるリスクが高く，より長期間の治療を必要とする。American Speech Language Hearing Association（ASHA）では，コミュニケーションの状況と社会的場面で適切にコミュニケーションを行えているかについてのアセスメントと治療を含めた言語聴覚士の果たすべき多様な役割とその責任を挙げている。これらは場面緘黙をもつ子どもの評価と診断を行う際に十分に考慮されなくてはならない。

第3章 場面緘黙のアセスメント　55

　場面緘黙児の発話と言語のアセスメントは以下のようなものが含まれる。

- 音声の生成
- 流暢性（発話のリズム）
- 受容言語（子どもの言語理解の能力）
- 表出言語（換語，文章の形成，説話の質などといった子どもが口頭で発する能力）
- 実用言語（社会的文脈を理解，把握し，発話する能力）
- 明瞭性（音声の出し方）

　これらの情報を用いて，言語聴覚士は子どもの発話や言語能力が，子どもの社会生活に影響を与えていないか，言葉の使い方は適切か，コミュニケーションを行う十分な機会が得られているかどうかなどについて評価する。そして，明瞭な発音，構文や語形，文章の長さと複雑性の増大，換語の弱さの克服，文章の形成，実用的な発話の指導やリハーサルなどについて治療を行っていく。
　場面緘黙児を信頼性と妥当性のある方法で評価することは大変な作業である。言語的，非言語的反応の困難さや反応の遅さ，素早い行動の難しさ，見知らぬ大人との接触を回避することなどから判断すれば，能力を低く見積もられることは明らかである。そこに，不安という影響を考慮に入れなければ，子どもの能力を誤解することにもなりかねない。また，不安によって子どもが本来もっている言語能力がみえにくくなるのも事実である（Klein, 2012）。私たち心理師が検査結果の解釈に細心の注意を払うように，言語聴覚士も場面緘黙の発話や言語能力を検査得点だけから判断してはならないだろう。
　私は最近，ある学会で場面緘黙の能力の評価の在り方について口頭発表した。それは認知発達的にも学業的にも場面緘黙の子ども達の能力が過小評価されていることについてである。参加者のひとりが私の考えに同意してくれた。彼女は学校心理士であり，リファーされてくる場面緘黙児の認知的評価を行う役割を担っていた。学校でのカンファレンスで，評価と治療チームは，検査所見に目を通した上で，知能検査の得点が極めて低いことを根拠に知的障害との評価を下したが，これがその子どもの本来の姿ではないことを彼女は確信していた。その子どもはとても知的に見えるし，担任の教師も彼が書

字作業をいつもうまくこなしていることを報告していたからである。検査に関する詳細な情報を求められた心理師は，子どもが下位検査で“無反応”だったためほとんどの項目で0点となり，結果としてIQから「重度の知的障害」の範囲となったことを認めたという。これはテスト得点の解釈が無効であることを示しているのは間違いない。このように，すべての検査において場面緘黙が与える影響について認識することが重要であり，得られた検査結果に常に敏感になっておく必要がある。

　心理師と言語聴覚士は，いくつかの“代替”となるアセスメント方略を用いることで場面緘黙児の評価結果の妥当性を高めることができる。

・まず，評価者はすぐに検査を導入せず，子どもと関係性を構築しようとしなければならない。評価をする前に，評価者は子どもと発話を求めない遊びを基盤とした2〜3セッションの関わりをもつことが望ましい。
・評価は，子どもとの一対一か，子どもと保護者と評価者のみで行われるのが望ましい。保護者以外の他者と同室にいても保護者に対しては，話したり読み聞かせたりすることができる子どももいるからである。
・評価者は，子どもとなるべくアイコンタクトを取らないように注意する必要がある。見知らぬ人からアイコンタクトを向け続けられることは場面緘黙児を不安にさせるからである（Shipon-Blum, 2003）。これは全くアイコンタクトを取らないということではなく，評価者が可能な限り検査を手際よく行い，直接的に視線を向けることを制限するということである。
・保護者に検査の提示者となってもらうこともできる。実際，検査提示者として訓練を受けた保護者は良い評価者になりうる。保護者が評価すると，専門家の評価と比較して有意に高い言語検査得点を示すことが研究によっても明らかになっている（Klein, 2012）。
・評価者は，快適な場面における子どもの発話をビデオテープやオーディオテープのデータを通して先入観を持たずに客観的な質的評価を行うべきである。

　公共性の高い場面での発話が困難だったとしても，別の公共の場では普通に発話ができていることが確認され，診断的面接，行動観察，言語能力の評

価，尺度や認知検査などによる評価を通して，発話の困難の理由が場面緘黙以外にないと判断された時，私たちは初めて確信をもって場面緘黙という診断を下すことができる。そして，このような詳細な評価から得られた多くの情報は，治療という次なる段階における計画作成の基盤になるのである。

第4章
場面緘黙児の治療プロセス

　評価と診断がなされれば，いよいよ治療的介入を始めていくことになる。本章において述べられる主な介入は以下のようなものである。

1．治療チームの編成と主な治療者となるキーワーカーの決定
2．子どもとの信頼関係の形成
3．子ども自身の不安についての心理教育
4．シェイピングおよび刺激フェーディングを包含した，行動療法的治療プランの展開

　本章は最も実践的な内容となっている。余白にメモをしたりワークブックに記入をしたりしながら読み進めていってほしい。

1．治療チームの編成とキーワーカーの決定

　第2章において，場面緘黙は，回避行動がコーピングスタイルとしての定着したものであると説明した。場面緘黙児は不安に圧倒されてしまうと，不安を喚起するようなやりとりや出来事を避けようとする。治療的介入において，まず重要なことは，子どもが回避行動をとった後に，周囲がどのように子どもに反応しているかに注目することである。それは，他者が緘黙児に対して行う"救済"しようとするような行動のことである。これらは，子どもを安心させようとする誰もがもつ本能的なものであり，確かに子どもの不安を減少させるが，クラスメイト，保護者，教師，きょうだいが緘黙児を助けることによって，その期待に反して緘黙の回避行動を維持させてしまうという結果を招いてしまうのである。"救済"しようするプロセスや内容は，以下の通りさまざまである。

・保護者が緘黙児の代弁をする（例：レストランで子どもに代わって注文

第4章　場面緘黙児の治療プロセス　59

表1　負の強化子の特定

人物	どのように回避を強化しているか？

する，子どもの代わりに答える，子どもが欲していることを他の家族に
代わりに伝えるなど）。
・教師が授業中に緘黙児に質問することをやめてしまう。
・クラスメイトがクラスで緘黙児と言語的に関わることをやめてしまう。
・クラスメイトやきょうだいがすぐさま「～は話をしないんだ」と言うこ
　と。または誰かが質問してきたときに代わりに答える。
・緘黙児に対して簡単な非言語的コミュニケーション手段しか与えない。
　（例：首ふりやうなずきのみで答えられる閉じられた質問しかしない，筆
　談を受け入れ推奨するなど）。

　治療チームを作るに当たって，緘黙児を生活の中で誰が救済し，回避を強
化しているのかについて知ることが何よりも重要である。誰が緘黙児の生活
において「負の強化子」になっているか，そして発話の回避を維持させるの
にどんなことをしているだろうか？（表1）
　これら負の強化子になっている人々こそに治療チームへと加わってもらう

必要があるだろう。こうした人々が場面緘黙に関する知識をもち，回避を強化することをやめていく必要があるからである。"チーム"（子どもの強みと弱みを理解し，"ブレイブスキル[訳注1]"の構築を支援するための戦略をもっている者たちを広く含む）には以下のメンバーがいる。

・保護者
・教師
・学校関係者
・言語聴覚士
・ソーシャルワーカー
・学校心理士
・スクールカウンセラー
・行動分析学者／行動心理学の専門家
・公認心理師・臨床心理士
・クラスメイト／友人
・きょうだい
・保護者以外の家族，特に理解ある知り合い

　主要な治療チームには，保護者と学校内のキーワーカー，および学校外のメンタルヘルスの専門家（例：公認心理師・臨床心理士，行動分析学者など）が含まれる。すべてのチームのメンバーはそれぞれ異なる役割を担っている。

●学校内における治療のキーワーカーは以下の役割を担う
　　1）学校内で行動療法的介入のマネジメントとその実行
　　2）学校および可能な限りの多くの人に対する発話の般化[訳注2]
　　3）教師，保護者，セラピストとの情報共有

　　訳注1）ブレイブスキル：勇気をもって行動したり，発話したりするためのスキルのこと。著者のオリジナルの用語である。勇気をもって行うブレイブワークのワークや練習を通して獲得されるスキルのこと。
　　訳注2）般化：ある刺激や状況に対して特定の反応が起こるようになると，類似の刺激や状況においても同じ反応が起こり，それが広がっていくこと。

まず，子どもの治療の中心となる専門家を選定する必要がある。その役割を担うのがキーワーカー[訳注3)]である。一般に，キーワーカーはスクールカウンセラー，学校心理士，行動分析学者，ソーシャルワーカー，言語聴覚士のような学校にいるメンタルヘルス，もしくは発話と言語の専門性をもち訓練を受けている者が担う。しかし，緘黙児と定期的に面会ができるキーワーカーを決定することは困難である。専門家は皆，多忙であり担当しているケースの数も多い。学校も特別支援教育にかかわる教員数を制限している場合も多い。したがって，キーワーカーの現実的な選定基準として，緘黙児に継続的に関わることができる者で治療的介入に関心があり，緘黙児をより理解しようと努めかつ柔軟に対応できるパーソナリティをもっていることが挙げられる。しかし，教師はキーワーカーとしては残念ながら推奨されない。これは訓練が足りないとか資質がないということではなく，常に30人以上の子どもの管理と保護を担っている教師にとって，ただでさえストレスフルな仕事の中で特定の子どもと常に一対一で関わる時間を取ることはあまりにも負担が大きいからである。よって，緊密に教師と情報共有のできる別の者がキーワーカーの役割を担うのが望ましい。

キーワーカーのその他の重要な条件として，継続的な治療的介入をいつでも行える状況にいることが挙げられる。今日の学校では，特別支援教育としてクラスからの取り出しを推進しているが，最初のうちは，取り出しが場面緘黙をもつ子どもに奏功する可能性は低い。友だちやきょうだいと同じ部屋にいるときには容易に話ができるといった例外もいくつかあるが，多くの緘黙児がスムーズに変化していくためには，子ども達は最初にキーワーカーと一対一のやりとりを行う必要があるからである。継続的に有効なやりとりを進めていくためには，緘黙児と最低でも15分の個別面接を週3回もつことが必須である。これほど多く機会をもつのは，緘黙児が日々回避パターンを使用することに慣れてしまっているからである。緘黙児の行動パターンを変

訳注3) キーワーカー：本書の記述を読む限り，キーワーカーを設定することは米国の教育システムでも困難であり，あくまでも理想的なモデルとして示されていると考えられる。キーワーカーが週3回1日15分程度のセッションを緘黙児と行うということを考慮すると，日本では養護教諭，スクールカウンセラー（たとえば，東京都では都と各自治体から計2名，合わせて3日ほど配置されていることが多い），特別支援教育支援員，（特別）支援教室巡回教員などがキーワーカーとして現実的に相応しく実践可能性は決して低くはないと考えられる。

化させるためには，日々多くの時間にブレイブワークを行う必要がある。ブ
レイブワークがより頻繁に行われることが望ましい。ワークが週３回以下に
なってしまうと変化を導くことが難しくなる。

　２人のキーワーカーを配置することでこの問題に対処する学校もある。例
えば，ソーシャルワーカーと言語聴覚士が週に２回ずつ緘黙児と面接すると
いったものである。これは，学校内で他者と多様なコミュニケーションを取
る良い方法であり，キーワーカー同士が頻繁にお互いに情報交換することで
うまく作用すると考えられる。しかし，緘黙児が１人ではなく，２人に対し
て同時に不安を減らしていかなくてはならないという負担を考えると，最初
のうちは変化がゆっくりであることを念頭に置いておく必要がある。

●学校外の<u>公認心理師・臨床心理士などメンタルヘルスの専門家</u>は以下の役
　割を担う
　１）学校コンサルテーションを通した，治療計画の促進と維持
　２）家族や友達とのコミュニケーションの増加と，公共の場におけるコミ
　　　ュニケーションの増加を狙いとした保護者教育
　３）レストランでの注文，電話での会話，店内で欲しいものがどこにある
　　　か聞くこと，校庭で友達と一緒に遊ぶといった，公共の場におけるブレ
　　　イブワークの実行

　学校外の公認心理師・臨床心理士などメンタルヘルスの専門家に治療をサ
ポートしてもらうときには，次の点に留意しておくことが重要である。

・子どもを対象とした臨床経験，特に子どもの不安障害を扱った経験があ
　ること
・行動療法もしくは認知行動療法の訓練を受けており，これらを主要な治
　療法として使用していること
・その他の児童期の不安障害とは微妙に扱いが異なる疾患として場面緘黙
　の理解に努められること
・保護者，子ども，学校と良好な信頼関係があり，その三者と協力して治
　療にあたれること

経済的に可能なら，保護者には腕がよくて専門性も高い，緘黙を治せるセラピストに治療を依頼することをお勧めする。経済的に負担になることに抵抗があるのは分かるが，それよりも効果的で早期的に適切な治療を受けることが何よりも大切である。治療費を抑えることを優先して，効果のない治療を受け続けても，費やした治療費に見合うだけの効果は得られない。効果のない治療に時間とお金をただ浪費するだけである。

●保護者としての役割は以下のようなものである
　1）学校環境における子どもの一番の理解者となること
　2）あらゆる資料や文書（学校での面談，心理師による助言，担任の記録，進歩の記録など）を残しておき，継続して活用すること
　3）子どもの変化について，教師，キーワーカー，心理師と情報交換を行うこと
　4）公共の場で継続して練習したり，その他の家族や友達と練習したりすること：こうすることで緘黙児の発話の機会を創り出すことができる（詳細は第5章を参照のこと）

2．信頼関係の形成

　治療チームとキーワーカーが決定されたら，次の段階ですべきことは緘黙児と治療チームが肯定的なよりよい信頼関係を形成することである。治療効果に関する研究においても，治療効果を最もよく表す指標はクライエントとセラピストの信頼関係であるといわれている。場面緘黙の治療においてもそれは例外ではない。本節で紹介する信頼関係を形成していく方法は，主に治療を行う専門家もしくは学校関係者（教師，キーワーカーなど）向けのものであるが，場面緘黙をもつ子どもとかかわる全ての大人に役立つので是非お勧めしたい。保護者は，日常生活の中で集中的に子どもと一対一で言語的なやりとりを行い，肯定的なフィードバックを沢山与えることで，子どもの社会的，情緒的成長をサポートすることができるという重要な役割を担っている。保護者と子どもの集中的な一対一の時間，それを"スペシャルタイム"というが，それは，「親子相互交流療法[訳注4]（Parent Child Interaction Therapy；PCIT）」におけるスキルから来ている。PCIT とは，大人と子どもとの間の

やりとりを変化させることによって，それらの関係性を改善するために開発された治療的介入技法のことである。PCIT は行為障害の問題をもつ子どもに使われることが多いが，保護者と肯定的なやりとりを行うという点において，場面緘黙をもつ子どもにも大変有効である。この方法は，新しく知り合った人と慣れるためのウォーミングアップにもなり，信頼関係を形成するのにも役立つ（McNeil, 2010）。

　子どもとの信頼関係を形成するための方法や "スペシャルタイム" には以下のようなものがある。

・一対一での遊び。子どもと濃密にかかわることができるだけではなく，そのやりとりの中に他の子どもやきょうだい，大人が出入りしても安心して過ごせるようになっていく。
・子どものレベルや好みに合わせ，子どものリードに沿った遊び。描画や工作，レゴやブロック，ミニチュアの人形のついたドールハウスといった構成的なおもちゃなどを用いた自由で制限のない創造的遊びを，子どもがリードして大人はそれに合わせて遊ぶことが望ましい。年齢が高い場合には，発達段階にあった，より複雑な描画や工作，ボードゲームなどがやりとりに使いやすい。
・携帯電話やその他の気を散らすようなものを近くに置かない。
・PRIDE スキル─以下に示す信頼関係を促進するラポール形成技法（表２）

　子どもとの信頼関係の形成において，常に反射と行動描写が重要であるが，その違いについては分かりにくいのでここで整理しておこう。反射とは，言語的，非言語的に関わらず子どものあらゆる表現を伝え返すことである。例えば，子どもが何か言葉を発したときに，その言葉を単純に使え返すことを反射という（言葉を付け加えることで反射が質問にならないように注意する必要がある）。子どもがうなずいたり，指差ししたりしたときは，その非言語

訳注４）親子相互交流療法：1970 年代，米国で Sheira Eyberg 教授によって考案・開発された行動上の問題を有する子どもや，育児困難に悩む養育者に対して，親子の相互交流を深め，その質を高めることによって回復に向かうよう働きかける行動科学とエビデンスに基づいた心理療法。ADHD や自閉症スペクトラム障害の子どもの養育，虐待を受けた子どもとその親との関係改善についても効果が認められている。

第4章　場面緘黙児の治療プロセス　65

表2　PRIDE スキル

スキル	内容と効果	具体例
P RISE 行動への適切な称賛	・望ましい行動の増加 ・子どもの好きなこと，好きなものを知ることができる ・自尊心の向上 ・より温かい関係性の構築	長所を見出して伝えること ・「いいアイディアをもってるね」 ・「～してくれてありがとう」 ・「あなたの声はとっても素敵ね」
R EFLECT 発話への適切な反射	・子どもの声に耳を傾けていることをしっかりと示す ・受容的な態度で接する ・子どもの発話の改善 ・言語的コミュニケーションの促進	子ども：星を作ったよ 大人：そうだね，星ができたね 子ども：（犬の写真を指差す） 大人：犬の写真を見てほしいんだね。教えてくれてありがとう。
I MITATE 遊びの適切な模倣	・子どもの遊びや行動をまねる ・子どもの主導・選択を尊重して遊ぶ ・子どもの他者との遊び方を観察する	子ども：赤ちゃんをベッドに寝かせよう 保護者：じゃあ妹も寝かせよう 子ども：（空に太陽を描く） 保護者：私の絵にも太陽を描こうかな
D ESCRIBE 行動の適切な描写	・子どもの主導にまかせる ・子どもの行動に関心を示す ・発話のモデルになる ・子どもの注意の向け先を理解する	・タワーを作っているね ・笑った顔が描けたね ・カウボーイがうれしそうにしているね ・すごく良くまとまっているね
E NTHUSIASM 熱意	・子どもへの関心を示す ・適切な肯定的感情のモデルを示す ・意思表明の支持 ・肯定的な関係性の強化	・おー！ ・すごいね！ ・すばらしい！

PRIDE スキルではないもの

ルール	理由	具体例
Don't give COMMAND 命令しないこと	・子どもの主体性がなくなる ・支配的な関係性に陥る	・「その紙を取って」 ・「アルファベットを言える？」 ・「太陽は青じゃなくて黄色でしょ」
Don't ask QUESTION 質問しないこと	・子どもの不安が増す ・質問の多くは命令もしくは，返答を要求するものである ・回避を強化する	・「青でいいんだよね，そうでしょ？」 ・「これは何色？」 ・「お城を描いているのかな？」 ・「ブロックで遊びたい？」
Don't CRITICIZE (or correct) 批判しない（直させない）こと	・ラポール形成を阻害する ・子どもの自尊心を傷つける ・不快なやりとりを生じさせる	・「そんなことしてはいけません」 ・「落書きしてはいけません」 ・「そうはならないと思うよ」

*McNiel(2010) から引用

的コミュニケーションを受け取ったことを反射する。それに対して行動描写は，スポーツのアナウンサーがすることによく似ていて，遊びの中で起こっていることをそのまま実況中継するようなもののことである。

　また“スペシャルタイム”は，まだ慣れていない大人との信頼関係の形成においても活用することができる。初めての面接で顔を合わせる子どもたちは，たいてい緊張していて，不安そうな顔を浮かべていることが多いので，私はいつも最初のセッションでPRIDEスキルを用いている。治療における第一目標は，信頼関係の形成だからである。子どもがセラピストのことを好きになり，一目置かれる（同時にセラピストからも大切にされていることを感じている）ならば，子どもたちはセラピストの設定した目標を一生懸命達成しようとするはずである。子どもたちがセラピストを嫌っていて，信頼関係が築けないと感じていると子どもたちは何もしてくれないだろう。PRIDEスキルは，教師が新しい児童生徒と初めて会うとき，キーワーカーが学校で児童生徒とのかかわりを始めるとき，心理師が初めの数回のセッションで信頼関係を形成するとき，保護者が子どもと関係性を深めたり，子どもが戸惑っているときに彼らを落ち着かせたりするなどさまざまな場面で応用できる。

　キーワーカーやまだ慣れない大人との“スペシャルタイム”での目標が，信頼関係の形成である一方で，保護者は，“スペシャルタイム”を通して，対人関係スキルや社会的スキルを促進することができる。この保護者との“スペシャルタイム”は，現実生活におけるコミュニケーション場面を想定したロールプレイと一緒に行われたときに，特に力を発揮する。発話するという行為はストレスが伴うため，スクリプト（台本）を準備し活用すること（例えば，ことばの反復練習をする）で，不安を減少させ，発話が“思わず飛び出してしまう”ことにもつながっていく。例えば，子どもたちはレストランに行って食事をオーダーしたり，ドーナツを買いにカフェに行ったり，何かを買いに店に出かけていく。小さな子どもでは，ごっこ遊びの延長線上でこうした行動のロールプレイをすることができる。ロールプレイの例として以下のようなものが挙げられる。

- 保護者が店員役をして，子どもが買い物をする。子どもが商品をカウンターまでもってきて，「いくらですか？」と質問するというスクリプトである。保護者が値段を伝えた後に，子どもがお金を手渡し，「ありがと

う」と言って，商品をバッグに入れる。これは人に物を手渡したり，他者がもっているものを受け取ったりすることの良い練習となる。

・保護者がカフェのバリスタ役をする。子どもがカウンターまで行き，保護者が「こんにちは，ご注文をどうぞ」と伝える。子どもは，「ドーナツとリンゴジュースのＳサイズ」と返し，お金を手渡す。保護者がお釣りを渡し，「ありがとうございました」と言い，子どもも「ありがとう」と返事する。

・保護者が教師役になり，子どもに問題を出す。子どもは挙手をして，指されるのを待つ。"教師"に指されたら，子どもは言葉で質問に答える。保護者はその勇気ある発話を褒める。

　もちろん，子どもが店員やバリスタ，教師役をできるように役割を交代しても良い。このごっこ遊びにおいて重要な点は，反復練習である。つまり，子どもはこうした状況で何を言えばよいかということはすでに知っているので，やりとりに対する自然な反応として，発話が容易にできるようになるためにはやはり反復練習が大切なのである。また，生活場面において言語的やりとりパターンを反復することで，子どもに自信を与え，発話しやすくさせることができる。

3．子どもの不安に対する心理教育

　子どもとの信頼関係が形成できたら，次の段階として，子どもへの場面緘黙に関する心理教育（専門用語を使って説明する必要はない）と，子どもが抱える不安との付き合い方についての説明することが求められる。不安に関する説明と心理教育の方法は，子どもの年齢や理解力によってさまざまである。しかし，不安について説明したり，話すことに関する不安について話し合ったり，ある活動が"どれくらい難しいか"ということについてスケーリングさせたりすることは，すべての子どもに適用できる。

　心理教育は以下のステップで進められる。

　1）不安に関する説明
　2）治療の進め方に関する話し合い

3）不安の評定スケーリング

低学年の子ども向けの心理教育の例

　お母さんとお父さんに何と言われてきたかはわからないけれど，私は，お話がしにくかったり，知らない人とおしゃべりができなかったりする子どもにたくさん会ってきました。これまで，自分がおしゃべりしたときに，まわりのみんながどんな風に思うだろうかと心配になるからおしゃべりができないという子もいたし，おしゃべりしてもまわりのみんなが何も言ってくれないんじゃないかとか，わかってくれないじゃないかと心配になるという子もいました。心配になるとお腹や頭が痛くなるかもしれないし，本当はおしゃべりがしたいのに，ことばがノドのところでつかえてしまう感じになるかもしれません。もしそうなら，私とワークを始めることが役に立つかもしれません。なぜなら，私はみんなに，勇気がでて，強くなる方法を教えているからです。私たちは，勇気の力をつくるワーク，ブレイブワークというものをやっていきます。

　これまですごい力持ちな人を見たことがあるかは分からないけれど，そういう人たち（ウェイトリフティングをしている人の写真をみせる）は，生まれつき力持ちだったわけではありません。それどころか，みんなと同じように筋肉が少ない体で生まれてきたのです。彼らは強くなりたくて，バーベルを毎日のように持ち上げてきたのです。最初のうちは力が弱いので，いきなり大きなバーベルが持ち上げられたわけではありません。だんだんと筋肉がついてきて，だんだんと強くなるまで，彼らは小さなバーベルを毎日のように持ち上げたのです。そうして，彼らは中くらいの大きさのバーベルを持ち上げられるようになりました。最初のうちは，持ち上げて上下に動かすのはとても大変だったでしょう……なので，上下に動かせるようになるために何度も何度も重りを持ち上げなければなりませんでした。でも，毎日練習していると，中くらいの大きさのバーベルも簡単に持ち上げられるようになりました。なぜなら，筋肉が成長して大きくなったからです。そうして，彼らは，大きなバーベルを持ち上げられるようになりました。

　今，お話したものと同じ方法で，私たちは勇気の力をつくっていきま

す。まず，私の質問にうなずいたり，首をふったりするだけの簡単な勇気の練習から始めていきます。私は，あなたができないと思うことを絶対にやらせないことを約束します。というより，勇気の力づくりはあなた自身に任せます。私たちは，自分が強くなったとあなたが感じたときに，次の“バーベル”にチャレンジしていくだけです。あなたは，もっと強く，もっと勇気ある人になれるように一生懸命取り組んでいきましょう。お母さんやお父さんから聞きましたが，あなたは本当に頑張り屋さんだそうですね。あなたがブレイブワークを練習して，私って「できるじゃん」という感覚が得られたらそれは素晴らしいことです。ちょっと難しいと思えることでも，すぐにどんどん簡単になっていきます。なぜなら，あなたはどんどん強くなっていくからです。

高学年／思春期の子ども向けの心理教育の例

　先日，あなたのお母さんとお父さんにお会いしました。そこで，あなたが時々，学校や家以外の場所で人とお話をするのが大変らしいということを伺いました。あなたが知っているかはわかりませんが，人前でお話するのが難しいと感じている子どもはたくさんいるのです。その子たちに子どもや大人と何をするときが一番怖いかを聞いてみればわかることですが，皆，その人たちとしゃべることだと答えるでしょう。自分がしゃべったときに周りの人がどんな反応をするかが心配でしゃべれないという子どももいれば，何か間違ったことを言ってしまうのではないかとか，それを笑われるのではないかと心配してしゃべれない子どももいます。学校や家以外の場所で人と話しをすることで起こるこうした不安には名前がついています。それは，場面緘黙と呼ばれています。

　不安にはよい部分もあります。私たちに不安がなかったら，運転中に注意をしなくなるだろうし，試験勉強もしなくなるだろうし，仕事の準備もしなくなるかもしれません。ちょっとした不安は自分自身を守ってくれるし，やる気を引き出してくれます。でも，時々私たちの脳は，私たちが不安になったときに，大変大きな“危険信号”を発してきます。私が子どもの頃，学校で火災警報機が突然鳴り響いたことがありました。本当はいたずらだったのですが，クラス全員がドアを出て，駐車場に逃

げました。なぜなら，サイレンが鳴って逃げるように警告しているし，火事が本当は起きてないということが分からなかったからです。時々，私たちの脳は，本来は必要のないときにこのような警告信号を送ってくることがあるのです。私たちはこれを"脳のトリック"と呼んでいます。でも実際には警報が鳴るような危機的状況は起こっていないので，脳のトリックを私たちはコントロールすることができます。どんなに難しいと思えることでも，ゆっくり練習していけば，より強く，より勇気をもつことができるようになります。

　ひとつ例を挙げましょう。私が自転車の乗り方を練習していた頃，いきなり普通の自転車に乗って，大きな丘を下っていくことはできませんでした。怖過ぎますよね。まずは，補助輪をつけて平らな道で練習を始めて，それでうまく走れるようになったら補助輪を外し，今度は，安定して走れるように誰かに後ろを支えてもらいながら練習しました。これでうまく走れるようになったら，今度は，もう手を離しても大丈夫だよと伝えて，ひとりで平らな道を一人でうまく走れるようになるまで練習する必要がありました。そうして，やっと大きな丘でも乗りこなせるようになりました。これまでしっかり練習を重ねたから丘でも走れるようになったのです。最初はとても難しいと感じたこと（普通の自転車で大きな丘を下ること）でも今は簡単にできます。なぜかといえば，小さなステップ踏んで少しずつ一生懸命練習したからですよね。

　これが，私があなたと取り組んでいくことです。きっとあなたは私と一緒に取り組んでいくことができると思っています。私の仕事は，あなたのコーチとして，小さなステップを踏みながらあなたを助けることです。私は決して，あなたができないことをさせません。ですから，あなたが次のステップに進む準備ができたらそれを私に教えてほしいのです。あなたの仕事は，難しいことに出会っても，力の限り勇気をもって挑戦しようとすることです。あなたが一生懸命取り組み，練習していくことで，その難しいと感じていたことがどんどん簡単になっていき，最後には難しいことが何もなくなっていくことでしょう。

不安に関する心理教育は，一回で終わるものではない。これらの心理教育

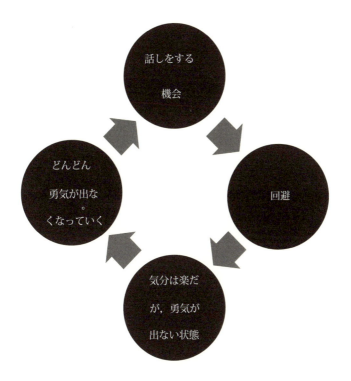

図5　回避のサイクル

は繰り返し行い，何度も子どもと一緒に確認することが必要である。子どもがなぜ練習が必要で，何を目標としているかを理解していると，内発的動機づけは高まり，より勇気を持ち，より自信を感じられるようになっていく。場合によっては，場面緘黙の概念を視覚的な図式にして説明するのも役に立つ。私は，高学年の子どもに対しては，ブレイブワークを行う前に，以下の図を用いて"回避のサイクル（図5）"と"勇気のサイクル（図6）"の説明を行っている。

　次に，子どもたちに，自分の不安の強さについて評価し，それを報告する方法について教えていく。5点法の評価スケールを使うことで，十分な情報を得ることができる。低学年の子どもや視覚優位な子どもに対しては，視覚的な1－5スケールを使うとよい。これは，温度計のような形でもよいし，表情の描かれた絵カード（笑顔から泣き顔の5つの表情が描かれたもの）でも

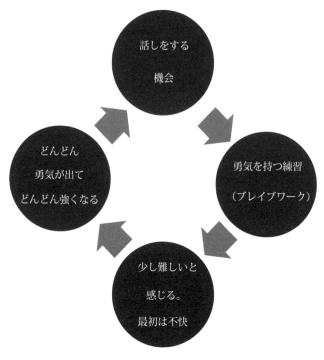

図6　勇気のサイクル

よい。子どもが自分の不安を評価するために視覚的なスケールを用い，5点法の評価スケールを用いるのはとてもよい方法である (Dunn Buron, 2007)。場面緘黙児の多くは，"恐怖"や"不安"といった感情を細かく説明することは難しいので，私は子どもに対してどのぐらいそのブレイブワークが"怖くて不安な"活動かを聞くことはしない。むしろ，どのくらい"難しい"と思っているか，実際にそれがどれだけ"難しそうか"を聞くことにしている。治療のプロセスではこの評価スケールを以下の4つのステップで用いる。

1）治療の開始時には，コミュニケーションにおける"コミュニケーションのはしご[訳注5）]"作りを援助する。セラピストが予測している活動の難しさと子どもが感じている難しさが同じであるとは限らないので，子どもが特に難しいと感じているものを知るのに便利である。
2）ブレイブワークの前に，「では，教師からのちょっとした質問に答える

練習からやっていきましょう。教師からの質問に答えられるようになるのは，どれくらい難しそうですか？」と尋ねる。

3）ブレイブワークが完了した後に，「よく頑張りました。教師からの質問に答えるのは，どれくらい難しかったですか？」と尋ねる。

4）治療における変化と成長の要約（子どもがどれくらい変化と成長したかの確認）として，「難しさが4点だったのを覚えていますか？ 今は1まで下がりましたね。あなたはそれくらい勇敢で，強くなったのですよ」と伝える。

子どもに，あるブレイブワークがどのくらい難しいと感じるか，そして実際どのくらい難しかったかを報告してもらうことで，先に例で示した心理教育の中で用いたような "脳のトリック" について改めて説明することができる。不安障害の特徴は，恐れを喚起する活動の不快の程度を過大評価してしまうことにある。しかし，セッションにおいて約90％の子どもは，実際の練習は想像していたものよりもずっと簡単であると反応する。それに対して，「あなたが考えていたよりもずっと簡単に練習を終わらせることができましたね。では，今から言うことをよく覚えていてください。私たちの脳は，ブレイブワークが難しいものであるかのように信じ込ませようとしてくることがあります。なので，次回の練習はもっと大変だろうと思うかもしれません。でも，今日の練習が思っていたより簡単だったと思ったことや，勇気を十分に発揮できたということをしっかりと覚えていてもらってもいいですか？」と伝えることができる。

もちろん，予想していたよりもはるかに難しく感じることもあるだろう。そういうことが起こったときに，大人は再び以下のような，援助的で建設的なフィードバックを与えればよい。

「先生の質問に答えることが，想像していたレベルと同じくらい難しかったと思ったことはすごいことですよ。あなたがそのことを3点と評価したの

訳注5）コミュニケーションのはしご：付録資料（資料6）に図示されているようなはしごであり，目標に向かって上っていくようなイメージを共有するために用いるツール。アセスメントを通して理解された子どもの状況に応じて，非言語・言語的コミュニケーションのレベルに合わせて，あまり難しいと思われないワークや練習を下の段に，段階的に難しいと思うワークや練習を上の方に段階的に書き込み一つ一つ取り組んでいく。さまざまな使い方が可能である。

に，その大変だと思う同じだけの点数で先生の質問に答えられたということです。これはあなたが勇気のある子だということの証拠です。だから，どんなに難しいと思えることでもチャレンジしてみましょう。きっと，もっと勇気を持てるようになり，そして強くしてくれることでしょう」

もしくは，

「あなたは３点であると考えたけれども，実際，先生の質問に答えようとしたときに，それが５点に跳ね上がりました。じゃあ，もっと勇気が持てるようになれる練習方法を考えてみましょう。多分，ふたつの言葉で答えることよりも簡単なものがいいでしょう。ちょっとした言葉とか音声のみで答えるというのもありだし，あなたが答えているときに先生には違う方向を見ていてもらうというのもありだと思います。どうですか？」

４．随伴性マネジメント法

行動に対して何らかの報酬を与えることで子どもを変化させようする方法は大概の大人が考えつくことである。望ましい行動にご褒美を与えることは，とっくの昔からやってきたと多くの保護者が口にする。しかし，実際やってみるとうまくいかないことが多いのが現実である。発話ができたら，iPod®を買い与えたり，お小遣いをあげたりということがよくあるが，それが発話の増加につながることはまずない。本書の読者はすでに気づいているだろうが，場面緘黙児に報酬を与えるという方法では発話を促す効果はないと言ってもよいだろう。一方で，次に紹介する随伴性マネジメントは，オーソドックスな治療的介入と組み合わることで，かなり有用なツールとなる。

> 随伴性マネジメント：今までとは違う質問形式を用いたり，発話による反応に報酬を与えたりすることで発話をより高め，非言語的反応や無反応による反応をより低める方法。

私たちは，緘黙児が欲しいものを要求するときなど，表情での感情表出や筆談，ジェスチャー，その他，黙ったままでコミュニケーションすることを安易に受け入れてしまう。こちらが気持ちを汲み取ることによって，緘黙児が学校や公共の場で心地よくいられるのは確かだろう。しかし，そのような

配慮は決して彼らの発話を促すことはない。私は最近，小学校３年生の場面緘黙児とセッションをもった。学校のクラスメイトや，数人の大人と話ができるようになったという彼の成長について聞いていたが，担任の教師とは未だ話すことができないという。どうして担任の教師を"お話しの仲間"に入れてあげないのかを彼に聞いたところ，「先生は僕にホワイトボードを渡してきて，自分の答え全部をそこに書かせるんだ」と教えてくれた。この担任の教師は，彼の非言語的行動を強化していたのである。

　随伴性マネジメントを有効活用する方法はたくさんある。まず，"選択式の質問"をして答えてもらうという方法である。これは，緘黙児に発話の機会を与えることになる。もしも，緘黙児に閉じられた質問を投げかければ，非言語的反応（うなずきや首ふり）で応じるのが普通であろう。あるいは開かれた質問をすれば，緘黙児たちはその質問にどう答えたらよいか，何が正しい答えなのか，相手が何を求めているのかが分からず，動揺してしまうに違いない。

　しかし，次のように選択式の質問を行えば，ほんの少し返答の手がかりを与えるだけで，言語的に応答できるようになる可能性が高くなる。子どもへの質問を選択式に変えていくのには少々練習がいる。閉じられた質問や開かれた質問を，選択式の質問に変えるエクササイズをしてみよう！

開かれた質問の例：「今週末は何をしてた？」
選択式の質問：「<u>今週末は自転車に乗った？　それともテレビゲームかな？
　　それとも他の違うことかな？</u>」

閉じられた質問の例：「犬は好き？」
選択式の質問：「<u>犬は好き？　それとも嫌い？</u>」

開かれた質問の例：「好きな色は何？」
選択式の質問：＿＿＿＿＿＿＿＿＿＿＿＿＿＿＿＿＿＿＿＿＿＿

開かれた質問の例：「弟はどんな気持ちだったろう？」
選択式の質問：＿＿＿＿＿＿＿＿＿＿＿＿＿＿＿＿＿＿＿＿＿＿

閉じられた質問の例：「今年のハロウィンで仮装した？」
選択式の質問：_____

閉じられた質問の例：「今すぐ算数の宿題やりたい？」
選択式の質問：_____

　選択式の質問をしても，子どもが反応しないときは，質問の内容を少しだけ変えてみればよいのである。例えば，子どもに「犬と猫どっちが一番好き？」と質問するとして，子どもがどちらとも好きではなかったとしたら，子どもはその質問に反応を示さないだろう。だとするならば，「犬と猫ならどっちが好き？　両方？　それとも両方とも嫌い？」と質問内容を変えてみる。そうすれば反応する可能性は格段に高まる。
　子どもが選択式の質問に反応したときには，こちらはまず反射をすることが望ましい。反射とは，子どもの反応を子どもにそのまま伝え返すものである。そうすることで，子どもの言語的な反応を強化することができる。言葉や身ぶりなどによる反応を通して，子どもの発話を強化していくことは重要であるが，場面緘黙児の多くは，自分の行動をおおげさに褒められることを好まない。彼らは発話することを避けているので，そのことで周りの人々に大きく騒ぎ立てられることを恐れているのである。最近のワークショップで，ある参加者が，自分の学校にいる場面緘黙児がようやく担任の教師と話しをしたという場面について教えてくれた。彼女が憤慨しながら言うことには，その担任の教師は，緘黙児がしゃべったときに授業をすぐにストップして，クラスメイトの注目をその子どもに集めさせた上で，大きな称賛とともにそのことを喜んだそうである。さらに，その後の授業の間の時間を使ってパーティーまで開いたとのことであった。その後この緘黙児は，2週間登校しなくなり，再登校を果たしても二度と口を開くことはなかったそうである。どうかこの担任のようなことは絶対にしないで欲しい。
　言語的強化は穏やかに，そして子どもの行った発話に沿ったものがよい。例えば，「知らせてくれてありがとう」といった簡単な声掛けである。私は，OKの合図を送ったり，背中をポンとたたいたり，もしくは頑張っていることをそっと耳元でささやいたりするようにしている。
　以下は，選択式の質問と反射，反応に対する称賛のやりとりの例である。

お母さん：「今日は何をしようか？　公園に行く？　トランポリンで遊ぶ？
　　それとも別のことがいい？」
子ども：「公園に行く」
お母さん：「公園ね！　教えてくれてありがとう。じゃあ，Ａ公園とＢ公園
　　どっちがいい？」
子ども：「大きな滑り台があるところがいい」
お母さん：「大きな滑り台があることね。面白いもんね。じゃあＡ公園か
　　な。一番大きな滑り台と中くらいの滑り台のどっちを滑りたい？」
子ども：「今日は一番大きいのがいい」
お母さん：「一番大きいのがいいのね。教えてくれてありがとう」

　子どもが言語的に反応を示す可能性が高まってきたのならば，その場ですぐ
に強化を行っていくことが重要である。以下は一般的な強化と報酬の例である。

・言語的反応への強化─子どもが非言語的コミュニケーションではなく，
　言語的コミュニケーションを通して要求し，望むものを得たときに行う
　強化。
・感情表出への強化─子どもが喜んだり，勇気をもって行動したり，自信
　が持てたときに，言語的称賛もしくは身振りによって行う強化
・報酬による強化─おもちゃや特別なお出かけ，もしくは日用品といった
　報酬による強化。
・報酬が与えられない例外事項─夜更かしをしたり，長時間テレビを見た
　り，決められた時間以上にゲームしたりルールを破った場合は報酬を得
　られない。母親と一緒にゲームで遊ぶことや，携帯電話・自転車・パソ
　コンなど修理は例外である。

　物品を与えることによる強化はよく使われる。これは，ブレイブワークを
行ったことを確認する意味で"勇気の印"として，シールやチップなどを集
めていくとトークンエコノミー法[訳注6]にもなり得る。ここで重要なのは，子
どもが何を目標としてシールやチップ集めをしているかということを明確に
しておくことである。それは，声を出すためだろうか？　ささやき声を出す

ためだろうか？　息を吹き出すためだろうか？　シールやチップが一定数ま
でたまることで，それがしっかり報酬として機能するだろうか？　というこ
とである。つまり，シールやチップ集め本当に子どもの変化，成長につなが
る"報酬"になっているかということを吟味することが大切なのである。

　一般に保護者や治療者は，報酬による強化を非言語的行動の生起頻度を高
めるために始めようとすることが多いが，場面緘黙の子どもに対しては，言
語的行動のみに焦点を当て報酬を用いることで強化していくという意識へと
切り替えていくことが重要である。報酬によって子どもが自発的に積極的に
発話につながるブレイブワークに取り組むようになることを目的とすべきで
ある。

　以下は子どもに対する随伴性マネジメントの例である。

レゴ® が大好きなショーン（5歳，男児，場面緘黙）

　治療介入の開始当初，母親は，ブレイブワークへの報酬以外には，ど
んな理由があっても（例：クリスマスプレゼント，家族からのプレゼン
トなど），レゴを買い与えることをやめるように指示された。ショーン
の心理師への反応は，初回のセッションの間，一貫して非言語であった
ため，心理師は，その回のブレイブワークは息を吐きだすこと（これは
発話の前提条件である）だと説明した。心理師とショーンは，コットン
ボール競争やストローペインティング，風船を膨らませるといった，練
習を兼ねたワークを行った。1回の練習につき，ショーンは1枚のレゴ
ステッカーをもらうことができた。セッションで10枚のレゴステッカ
ー（ショーンが達成できそうだとセラピストが感じた枚数）をためるこ
とができれば，お望みのレゴを手に入れることができるという流れであ
る。練習をする度に，心理師は，「おー，すごいすごい」，「息を吐くのが
すごく上手だよ」，「いっぱい息が吐けてすごい」といった声掛けをした
り，親指を立てて見せたり，たくさんの笑顔を向けて褒めたりした。セ
ッションが終結する頃になって，ショーンが10枚のステッカーをため

訳注6）トークンエコノミー法：ある特定の目的行動を起こさせるために、適切な、望
　ましい行為や反応にたいして、正の強化子となる代用貨幣（トークン）を与える。こ
　の強化子をシールやスタンプにして、ある程度の数になったら、好きなものや行動と
　交換できるようにする行動療法の一技法。

ると，新しいレゴがすぐに与えられた。

お姫様のかっこうをするのが大好きなジーナ（6歳，女児）

ジーナは，学校でキーワーカーと一対一のやりとりをするときに，さ
さやき声になってしまう子どもであった。キーワーカーは，Velcro®（2
種類の異なるナイロン・テープがお互いに接着し簡単に着けたり外した
りできるテープ）の切れ端を使って"ネックレス"を作り，担任には，
Velcro®でできたたくさんのきれいな"宝石"が渡された。ジーナが学校
でキーワーカー以外の誰かにささやき声で話しかける度に，ネックレス
につける宝石をもらうことができた。彼女の目標は，家に帰ったときに
母親からご褒美（報酬）をもらえるように，放課後までにネックレスを
宝石でいっぱいにすることであった。

iPad® で遊ぶことで行動が強化されているステファニー（14歳，女児）

彼女の iPad で遊ぶ時間は，授業中の質問や発表の回数によって決め
られていた。彼女の保護者と担任は，両者がアクセス可能な個人用の
Google® ドキュメントのアカウントを作成した。ステファニーが授業中
に手を挙げて質問に答えたり，担任に質問や声掛け，要求を伝えてきた
りしたときに，担任はそれを Google ドキュメントに記録していった。ス
テファニーが帰宅したときに，保護者が Google ドキュメントを確認し，
担任への発話1回につき 10 分，iPad で遊ぶ時間が与えられた。

しかし，報酬による強化には多くの問題が伴う。以下はよくある強化の間
違いの典型例である。

・目標となる行動が発生していない状態で，強化子が報酬として与えられ
ること（例：ショーンの祖父が，彼の誕生日にレゴを買い与えてしまう
と，レゴは報酬としての機能を失ってしまう）。
・子どもにとって強化子にならないものを報酬として使おうとすること。
子どもが iPad を使うことに何の関心も払われないでいると，iPad を特
定の報酬として機能させることが難しくなる。

- 報酬を定期的に更新しないこと。どんなものでも，すぐに古くなっていく。それは iPad でも同じである。報酬は，絶えず変化と更新が必要である（例：子どもの変化に合わせて，強化子もそうであるが，強化されるべき行動も変化させることもできる）。
- いつも同じタイミングで報酬を与えないこと。報酬は可能な限りその場で即座に与えることが望ましい。日常生活は本当に慌ただしいので，店に買い物に出かけたり，子どもをレストランに連れて行ったりする時間がいつも取れるわけではない。しかし考えてみてほしい。私たちは月末の給料のために働いているわけであるが，そのとき，自分の上司が，私たちに給料を払う“時間がない”とか払うことを“忘れていた”と言うだろうか。ほとんどの人は，当然のように報酬が得られるという前提があって真面目に働いているはずである。
- 達成することが難しそうな目標行動を設定すること。報酬を通した強化における目標行動は，必ず達成されなければいけない。そうでないと，援助者も子どもも挫折感を覚えるだけである。
- 不安を与えるような皮肉を込めたお世辞を言うこと。「今日，電話でおばあちゃんと話していたときの声，良かったよ。何で前はそれができなかったの？」

報酬の例

・ キャンディ	・ 夕食のメニューを選ぶ
・ お小遣い	・ 新しいテレビゲームソフトの購入
・ 15 分の夜更かし	・ DVD のレンタル
・ 映画に行く	・ 好きなレストランで食事
・ サプライズのご褒美	・ 夕飯後のデザート
・ ポップコーン作り	・ 図書館へ行く
・ ウォーターパークへ行く	・ おもちゃ屋さんでの買い物
・ ボーリングへ行く	・ アイスクリーム
・ テレビ視聴時間の延長	・ _____
・ テレビゲーム時間の延長	・ _____
・ パソコンで遊ぶ時間の延長	・ _____

5．治療的介入の技法——行動療法

　場面緘黙に対する最も効果的な介入方法は，脱感作[訳注7]を用いた行動療法的介入であることが多くの研究で示されている（Orbeck, 2013；Veccio, 2009）。行動療法的介入は，不安を減少させるのに効果的であり，かつ言語的コミュニケーションを増大させる。場面緘黙に対する介入効果の研究において，行動療法的介入と薬物治療，家族療法，精神力動的介入を比較したものがある（Pionek Stone, 2002）。その結果，行動療法的志向をもつ治療法が有意に改善を示すことが見出された。また，症状が顕在化してからすぐに介入を行った"介入早期群"の方が，介入が遅れた"介入遅延群"よりも，より改善しやすいことが示唆された。すなわち，発症後の介入の早さ，行動療法による治療が，発話を促進するためには必要なのである。

　Bergmanら（2013）も，場面緘黙に対する行動療法の効果について検証を行っている。研究に参加したのは，症状の深刻さが中程度の子どもたちである。行動療法的アプローチを用いた介入後，子どものコミュニケーション頻度が増加したことや，学校での発話が増加したことが，保護者や教師によって報告された。また，保護者から子どもの不安が減少したことも報告された。これらの結果は，盲検化（子どもと知り合いではなく，誰が治療を受けて，誰が受けていないかを知らされない状態で，別の評価者に子どもを評価してもらう手続き）によって裏づけられている。研究者らは，治療の3カ月後にフォローアップを行い，その効果が持続していたことも報告している。

　行動療法的介入は，脱感作もしくは，ゆっくりとした系統的な恐怖へのエクスポージャーを基盤としている。行動療法的介入を行っても，場面緘黙児が発話をしないことがあるが，その理由は，目標とする要求水準が高すぎて，子どもの不安が高くなり，課題に取り組めなくなるためである。このときは，要求水準を彼らが可能なレベルまで下げればよいだけである。そうすることで動機づけを高めることもできるので何も問題はない。

　場面緘黙に対する脱感作は，その他の恐怖症に対する脱感作と同じである。

訳注7）脱感作：さまざまな刺激に繰り返し暴露されることにより，人が恐怖や不安を感じなくなっていくプロセスのこと。

例えば，ある子どもが犬恐怖を呈している場合，保護者はゆっくりと段階的に馴らしていくことで，子どもの自信を高め，犬に対する不安を減少させる。ここで重要なのは，最初の段階が簡単なものから始まり，次第に難しいもの，あるいは不安をより強く喚起するものへと進んでいくことである。犬恐怖に対する脱感作の段階は以下のようなものである。

1）犬について考える
2）写真や動画で犬を見る
3）遠くにいる実際の犬を見る
4）少しずつに犬に近づく
5）犬に触れる
6）なでたり，エサをあげたり，散歩に連れていく

　それぞれの段階においてもちろん不安は高まるだろう。しかし，犬に馴れる練習の段階が適切ならば，子どもがその段階にリラックスして反応できるので，自信をもつことができる。それが確認できたら，次の段階に進んでいく。もしも，その段階に慣れることが難しい場合は，おもちゃの犬や変な犬のイラスト，本物の犬の写真，犬のアニメ，本物の犬の動画，犬と子どもが戯れている実際の動画を見せるといった方法で，段階をより細かく設定するとよいだろう。
　場面縅黙に対する脱感作も同様の方法で進めていく。最初から多くの人と話せるようになるという最終目標に焦点を当てるのではなく，子どもが今，実際に行うことが可能な簡単な段階から，複雑で難しい行動へとゆっくり移行していけるように，小さな段階を設定し，進めていく。
　脱感作技法には，主に"刺激フェーディング"と"シェイピング"の2つの技法がある。
　刺激フェーディングとは，子どもがすでに話すことができている人と場所を特定し，それを新しい人や新しい場所でもできるようにしていくことである。刺激フェーディングの目的は，子どもがコミュニケーションをとる**相手，場所，時間**を広げていくことである。
　シェイピングとは，子どもがコミュニケーション可能な方法から始めて，最終的に発話できるところまで近づけるように強化していく方法である。シ

第4章　場面緘黙児の治療プロセス　83

表3　緘黙のタイプ別介入方法

	発話頻度 （どの程度か？）	コミュニケーション可能な人 （誰か？）	場所 （どこで？）	推奨される 介入方法
タイプ1	少ない発話	ほとんどすべての人と可能	ほとんどすべての場所で可能	随伴性マネジメント
タイプ2	典型的な頻度の発話	一人もしくは特定の人と可能	ほとんどすべての場所で可能	特定の場所における，新しい人への刺激フェーディング
タイプ3	典型的な頻度の発話	ほとんどすべての人と可能	限定された場所でのみ可能	新しい場所への刺激フェーディング
タイプ4	少ない発話	一人もしくは特定の人と可能	限定された場所でのみ可能	落ち着いて過ごせる場所での新しい人への刺激フェーディングおよび，場所への刺激フェーディング
タイプ5	発話なし	可能な人なし	すべての場所で不可能	シェイピングおよび新しい人と新しい場所への刺激フェーディング

*Shriver（2011）を参考

ェイピングの目的は，子どもが発話によってコミュニケーションできる**事柄**を，段階的に増やしていくことである。

　私たちは，アセスメント段階における診断面接や評価に基づいて，何が最も効果的な介入になるのかを判断する。家以外での子どもの発話状態から，場面緘黙の子ども達を次の5つのタイプに分けることができる。果たして，あなたが現在，かかわっている子どもはどのタイプに当てはまるだろうか？

　タイプ別の特徴と介入方法は次の通りである（表3）。

●タイプ1の子ども：このカテゴリーに当てはまるのは，ほとんどの場所でほとんどの人と話ができるが，返答をためらったり，または黙ったま

までいたり，最小限の発話で済ませようとする子どもたちである。彼らはささやき声を多く用いるだろうし，十分なウォームアップの時間を必要とするだろう。子どもが直接的な質問を受けたとき，それが特に一対一場面であると，たいていは授業中に手を挙げたり，担任に週末何をしたか尋ねられてそれに答えたりといった行動を起こすことはしない。こういった子どもたちに対しては，随伴性マネジメント（もしくは発話を強化し，沈黙を強化しない方法）が中心のアプローチが推奨される。

●タイプ2の子ども：このカテゴリーに当てはまるのは，十分な発話がみられる子どもたちである。彼らは，普通のトーンで話しをすることができ，長い話しもする。ただし，それが可能なのは，ある特定の人だけである。例えば母親とであれば，ほとんどすべての場所（学校，レストラン，店，友達の家）で，普通の声で話しをすることができるが，他者に対して直接的に話しをすることはない。こういった子どもたちに対しては，すでにある発話を別の新しい対象者へと広げていくために，刺激フェーディングを活用することができる。それは，発話がすでに起こっている場所で行われるのが望ましい。

●タイプ3の子ども：このカテゴリーにあてはまるのは，ほとんどの人と話しができるが，限られた場所でしか発話ができない子どもたちである。こうした子どもは，家に来た人と話しをすることはできるが，家の外での発話が般化しない。学校の教室で快適に過ごし，友達と話しをしていたとしても，教室から出るや否や，すべてのコミュニケーションが途絶えてしまうのである。こうした子どもたちに対しては，現在ある発話を，新しい場所へと広げていくためには，刺激フェーディングが有効である。

●タイプ4の子ども：このカテゴリーにあてはまるのは，発話の対象が1人またはほんの数人で，場所もいくつかに限られている子どもたちである。例えば，相談室では話しをするのに，他の誰かが相談室に入ってくる，もしくはその子が相談室から一歩出ると再び緘黙状態に戻ってしまう。こうした子どもたちに対しては，現在のコミュニケーションを新しい対象者に広げていくだけではなく，すでにできている発話を他の場所へと広げていく刺激フェーディングが有効である。

●タイプ5の子ども：このカテゴリーにあてはまるのは，家の外では，人や場所を問わず発話が見られない子どもたちである。こうした子どもた

ちに対しての介入は，まずは発話を形成するためのシェイピングから始め，その後に，形成された発話を新しい場所や新しい人へと広げていく刺激フェーディングが有効である。

6．刺激フェーディング法

私の経験では，刺激フェーディング法が，場面緘黙児の発話を増加させるのに最もシンプルで"自然な"方法だと確信している。フェーディングの基本的な考え方は，その子どもが現在話しをしている人（両親やキーワーカーなど）と行っている発話を，新しい場所や新しい人へ移行させ，広げていくことである。そのために，まず特定しなくてはいけないのは，子どもが誰と話しをするか，どこで話しをするかである。

すでに話しができているのは誰だろうか？　そしてどんな場所でだろうか？　以下に記入してみよう。

話しをするのは：

_____と_____で
人物（お母さん，お父さん，教師など）　場所（教室，学校の個室，通学路，校庭など）
_____と_____で
人物（お母さん，お父さん，教師など）　場所（教室，学校の個室，通学路，校庭など）
_____と_____で
人物（お母さん，お父さん，教師など）　場所（教室，学校の個室，通学路，校庭など）
_____と_____で
人物（お母さん，お父さん，教師など）　場所（教室，学校の個室，通学路，校庭など）
_____と_____で
人物（お母さん，お父さん，教師など）　場所（教室，学校の個室，通学路，校庭など）

話しをしないのは（あるいは次の段階として目標とするのは）：

_____と_____で
人物（お母さん，お父さん，教師など）　場所（教室，学校の個室，通学路，校庭など）
_____と_____で
人物（お母さん，お父さん，教師など）　場所（教室，学校の個室，通学路，校庭など）

_____と_____で

人物（お母さん，お父さん，教師など）　場所（教室，学校の個室，通学路，校庭など）

_____と_____で

人物（お母さん，お父さん，教師など）　場所（教室，学校の個室，通学路，校庭など）

_____と_____で

人物（お母さん，お父さん，教師など）　場所（教室，学校の個室，通学路，校庭など）

　刺激フェーディングによって，すでにできている学校の個室での両親との発話の段階から，そこに新しい人を加えたり，新しい場所へ広げたりことができるようになる。もちろん，それを一日で達成させる必要はない。次の段階へ移るタイミングは，子どもが現在の段階がもう大丈夫で簡単だと判断したときである。子どもが新しい人や場所に耐えられる時間は異なり，３分しか耐えられないこともあれば３時間も大丈夫なこともある。子どもの状態をよく見て，次の段階に移行させるのを決して急がないことが大事である。子どもが話すのを止めてしまった場合は，刺激フェーディングの手続きを次の段階に進めてはいけない。その場合には，その段階に留まり，発話のための再構築に努めるべきである。例えば，子どもが新しい場所にフェードインしたとき，沈黙し無反応状態に陥ってしまった場合には，介入をすぐにストップし，前の段階における発話を再度引き出さなければならない。新しい人がやりとりに参加したときに，子どもが沈黙状態となってしまった場合も，その人は部屋に入室するのを一端止めて，子どもが再び発話できる状態に戻していく。子どもが落ち着きを取り戻し，発話が再び見られるようになったら，刺激フェーディングを再開する。

　刺激フェーディングの手続きは，自然な流れの中で進めるのが理想的である。子どもが行う練習の内容などを細かに説明したりしなくてもよい。例えば，保護者が私の相談室に連れてくるときに，子どもに知らせるのは，相談室で遊ぶということや，相談室で遊びながらいくつかのワークを行うといった程度でよい。刺激フェーディングの目標が，新しい場所に発話を移行させることだとしたら，自然な流れの中でゆっくりと新しい場所へ移動しながら，そこでやりとりや会話，遊びを続ければよいのである。

7．新しい人への刺激フェーディング

　これまで話せていない新しい人への刺激フェーディングの目標は，母親との普段通りの発話を維持しながら，部屋に入って来る新しい人の刺激に対して，子どもの不安を徐々に減少させることである。母親と発話しているところから開始するのが最も効果的だからである。母親の果たすべき役割は，発話を促進するような楽しい活動や選択式の質問を通して，子どもの発話を維持させることである（その間に，新しい人がゆっくりと入室していく）。新しい人への刺激フェーディングのプロセスは以下の通りである。

　1）まず，母親と子どもは，部屋のドアを閉めた状態で，二人きりで遊んだり，話したりする"ウォーミングアップ"の時間を取る。
　2）子どもから，適切なボリュームによる通常の発話が得られたら，新しい人は部屋へのフェーディングを開始する。ドアを開け，部屋の中やドアの前をそれとなく歩いてみせる。新しい人は，子どもの発話に対して，反応をしてはいけない（アイコンタクトも取らないし，注意も向けない，子どものあらゆる動きや発話に反応を示さない）。
　3）それから，新しい人は，子どもからできるだけ離れた場所で，何かの作業に没頭する（例：パソコンのタイピング，部屋の片づけ，事務作業など）。子どもが発話をやめたり，不安な様子を示したりした場合には，いったん退出して出直すか，不安が減少し発話が再開するまで数分間，同じ場所に留まったまま何もせず存在感を消す。
　4）次に，新しい人は，母子のやりとりが行われているところに，それとなく徐々に近づいていく。ただし，子どもに対して一切のあらゆる注意を向けてはならない。
　5）母子のやりとりの近くに行き，それでも子どもが発話を維持できていたら，新しい人は静かにその場に加わる。しかし，何も話さずただ母子のやりとりを眺めている。
　6）子どもが自分の発話に集中し，持続できているようであれば，新しい人は子どもの言ったことに対して，そっと反射したり，反応したりしてみる。例えば，子どもが保護者に青いカードを拾ったということを話し

たとすれば，新しい人は「へぇ，青いカードを拾ったんだね」と返してみる。子どもが母親に，昨晩新しいテレビゲームで遊んだことを話したとすれば，新しい人は「新しいゲームで遊んだんだね，面白そう」と言ってみる。

7）新しい人とのこのようなやりとりに戸惑うことなく，不安が喚起されていないようであれば，新しい人は次に，選択式の質問を投げかけていく。

8）子どもの新しい人への応答が続くようになった時点で，今度は母親が部屋からフェードアウトし，子どもと新しい人だけにする。子どもが新しい人と一緒にいて発話を嫌がっていないことがはっきりしない限り，母親はフェードアウトしてはいけない。

　新しい人が1回のセッションで，このすべてのプロセスを終わらせることができない場合，次のセッションでは，前回からの連続性を持たせるために，前回できた所からフェーディングを始めるのがコツである。ただし，子どもの不安はセッション開始直後にぶり返しやすいので，その不安に敏感に察知し対応しなければならない。この手続きのガイドラインについては付録資料（資料5）にも改めて掲載しているので現場で使用して欲しい。

8．新しい場所への刺激フェーディング

　これまで話せていない新しい場所への刺激フェーディングの目標は，現在発話がみられている場所から，新しい場所へと発話を広げていくことである。そのために，子どもがすでに問題なく話しをすることができている人の協力を得ることが必要である。新しい場所への刺激フェーディングのプロセスの例は以下の通りである。

1）家の車の中などすでに発話ができている場所から開始する。
2）発話を促進するようなおしゃべり遊びや，子どもが興味をもつような会話へ引き込む（20の質問，『ミッケ！』[訳注8]，ジョークなどを用いる

訳注8）ミッケ！：ウォーリーを探せ！　のような絵さがし絵本。日本でも大人気のベストセラーである

のもよい）。

3）新しい場所に着いたらすぐに車から出ずに，最初は車のドアを開ける
だけにして，会話を続ける。

4）ゆっくりと車を出て，車の外の近くの場所で会話を続ける。

5）それから，ゆっくりと車のドアの所まで戻り，子どもの発話を維持で
きるようにする。

6）できるだけ長く会話を続け，新しい場所で発話できたことを称賛する。

7）さらに刺激フェーディングを行う場合，発話が車からより遠くのとこ
ろまで維持されることを目標とする。

9．音声録音を介した刺激フェーディング

他にもフェーディングの方法はさまざまなものがある。例えば，録画と組
み合わせて活用することもできる。子どもが録画されることを嫌がらないの
であれば，フェーディングの手続きは118ページに示したビデオフィードフ
ォワード法のような方法もある。このような方法は，新しい人に向けた発話
の不安を減少させる。電話や，Skype®，その他のテクノロジーの応用も可能
である。録音を用いたフェーディングのプロセスの例は以下の通りである。

1）担任の教師は，あらかじめ子どもに質問したいことを録音しておく。
録音は，携帯電話やレコーダー，その他の機器を使用する。

2）子どもは担任の教師の質問に対して，家でその答えをレコーダーに吹
き込み，次に担任の教師への質問を吹き込む（同じ質問でも良いし，違
う質問でも良い）。それを担任の教師に送り，担任がそれに応える。こう
して録音を介して，質問と応答を続けていく。

3）2）の段階が定着したら，今度は教室の中で担任はレコーダーを通し
て子どもに質問し，子どももレコーダーを通して応答する。

4）子どもがレコーダーを通して応答しているとき，担任は子どもに近づ
いていく。

5）そこで直接，担任がレコーダーを用いずに子どもに質問をし，子ども
はそれに対してレコーダーを通して応答する。

6）次に，近づいた二人の間に一つだけレコーダーを置いた状態で，担任

はレコーダーを通して質問し，子どもはレコーダーを通して応答する。

7）最後に，お互いにレコーダーの録音ボタンを押すふりをして，担任が直接質問し，子どもがそれに直接応答する。

10. シェイピング法

　家以外のすべての場所で，誰とも話しができない子どもや，刺激フェーディング法が奏功しなかった子どもにとっては，シェイピング法を用いるのが最も良いアプローチである。シェイピングとは，発話を細かい段階に細分化し，できたことを強化し続けていき，最終的に安定した発話の段階まで積み上げていくアプローチである。犬を怖がる子どもに対して，すぐに犬に近寄って遊ぶことを求めないように，場面緘黙をもつ子どもにも，担任の教師のところにいって助けを求めるようなことはさせない。ゆっくりと子どもができる練習を積み上げていくことが重要である。

　シェイピングの手続きは，付録資料の（資料6）に示したコミュニケーションのはしごのようなスモールステップの階段を用いて行われる。介入は子どもが発話できているところから始め，ゆっくりと確実にはしごを登るように進んでいくのが望ましい。コミュニケーションのはしごは，こちらの指示に従う形で登っていくこともある。特に，やりとりの中で完全に固まってしまう子どもや，非言語的な反応すら難しい子どもにはこちらのリードが必要である。コミュニケーションのはしごの最上階は，すぐにコミュニケーションに参加でき，自発的に会話を始め，それを続けられることである。

　コミュニケーションのはしごが必要な理由は，以下の3つの原則から成立している。

原則その1：発話の段階的でゆっくりとした進歩は，子どもの恐怖を取り去ってくれる。

a．これはエクスポージャーとも呼ばれる方法である。それは，自転車に乗れるようになるプロセスと同じようなものと考えればわかりやすい。まず，補助輪をつけて乗ることから始まり，次に補助輪を外して，保護者に自転車の後ろを支えてもらいながらゆっくりと走れるようになって，やがて，ひとりでだんだんと速く走れるようになる。それぞれの段階で

自信をつけ，怖かったことが怖くなくなっていく。

b．第一段階は，恐怖の対象を特定することである（どこで話すのが怖いのか，誰と話すのが怖いのか，など）。

c．そして，最も簡単にできそうなこと（例：おしゃべりのものまね，非言語的コミュニケーション）から始まるはしごを設定し，次に段々と困難な場面（例：知らない人との会話）へと段階を上げていく。

d．はしごは，家や学外の相談室など慣れた場所の段階から始め，そこでできるようになったら，公共の場や学校といった上の段階へと上り，般化させていく。

e．それぞれの段階で子どもは自信をつけてゆき，"怖い"場面に遭遇してももう大丈夫になっていく。

原則その2：成功こそが何よりもの報酬である。

a．一生懸命取り組んだことへの一番の報酬は"嬉しい"ということである。コミュニケーションのはしごを上っていくことは，それ自体が報酬になる。

b．"コミュニケーションのはしご"の現在の段階でうまくいったとき，子どもにはすぐに小さな報酬（例：ちょっとしたおもちゃ，キャンディ）か，後に別の報酬と交換できるトークン（例：ステッカー，ポーカーチップ）が与えられる。

c．さらに，子どもにかかわっている保護者，キーワーカー，その他の大人たちは，子どもの"勇気"に対して言語的な報酬を与える。

d．うまくいくということが最も重要な報酬であり，このことがコミュニケーションのはしごを上っていくことを継続させる動機づけを高める。

原則その3：止まることなくはしごを上り続けることが重要である。

a．子どもがうまくできていることはどんなことだろうか，子どもが現在取り組んでいるはしごの段階を，子どもとかかわっている大人たちがお互いに常に確認しあうことで，止まることなくはしごを登り続けることができる。子どもが学外の相談室で心理師と一言でも言葉でコミュニケーションが取れているのであれば，公共の場や学校においても，保護者やキーワーカーが同じ段階に取り組んでいくべきである。

b．継続的に練習に取り組み続けることが，発話への動機づけを高める。

　以下は，コミュニケーションのはしごのそれぞれの段階で有効に活用できるゲームやワークのリストである。遊び心にあふれ，楽しいという快感情を伴ったやりとりがなされることが何よりも重要である。

指示に従うこと

- サイモンが言ったゲーム：Simon says "touch your mouse." と言われた子どもは自分の口を触る。間違えたらアウト。これを交互に行うが，Simon says と言わずに命令したりして，それに従ってしまってもアウトになるゲーム
- 描画や工作
- クッキング
- バリアゲーム：2人のプレイヤーが，指示に従いながら，お互いを見ずに同じものを作ったり，同じ場面を再現したりするゲーム
- スカベンジャー・ハント：何かを集めて得点を競い合うフィールドゲーム
- 仕分け作業

ジェスチャー（筆談，指差し，うなずき／首ふり，肩をすくめるなど）

- ジェスチャーゲーム
- 手遊び歌
- 親指を上げる（YES）／親指を下げる（NO）
- ウォーリーを探せ！®
- ミッケ！（I SPY™ 日本語版）
- PECS（Picture Exchange Communication System；絵カード交換式コミュニケーションシステム）：要求を充足させてくれるコミュニケーション対象者と欲しいアイテムの描かれた絵カードを交換することを子どもに教える方法
- 支援テクノロジーデバイス(Tap To Talk™ アプリやタイピングソフトといった子どもがコミュニケーションに活かせるテクノロジー)
- Yes ／ No クエスチョン
- Kids on Stage™ ボードゲーム：カードに示されたものをジェスチャーを

通して演じ当てるゲーム
- エガッタ（Pictureka!™ 日本語版）：カードに書かれたイラストを 30 秒以内に探し出す絵探しゲーム。さまざまなルールバリエーションがある。
- 選択させる（「欲しいのはこっち？　それともこっち？」）

（口を使わずに）音を立てる
- 拍手
- 足踏み
- 指鳴らし
- 口を必要としない楽器（太鼓，タンバリン，シンバルなど）
- 雨音
- 音楽に合わせて足をタップ

表情作り
- 表情の真似
- 喜怒哀楽の表情，変顔
- 口の運動のエクササイズ
- Funny Faces™ ボードゲーム：カードに描かれた表情を演じ当てあうゲーム

息の吹き出し
- コットンボールレース：コットンボールを息を吹いて転がして競争するゲーム
- 風船
- 風車
- 吹き絵
- ティッシュ吹き
- Candle™ アプリ
- Blow Balloon Pop™ アプリ
- Blow Blow™ アプリ

無声音（s，t，p，k，h，f，sh，ch）

- スネークサウンド：蛇の「シュッ」という鳴き声を出す
- 音を出しながらコットンボールレース
- タイヤのパンク音
- 音を出しながら風車を吹く

有声音，環境音，動物の鳴き声
- 両唇音以外のすべての音（mやb，w音のような口を大きく開けなくても発音できるもの）

ことばに繋がる音の組み合わせ
- 個々の音を組み合わせ，ことばにまとめる
- 似ている音探し
- 音の組み合わせ
- はい／いいえの真似
- 手がかり反応を随伴させた Yes ／ No クエスチョン（「あなたは女の子ですか？　はいと答えてください」）

一言応答
- 選択させる
- 文章の空白部分への記入
- Sparklefish™ アプリ
- Super Duper™ アプリ（www.superduperinc.com）
- Go Fish!™
- ハングマンゲーム：相手の考えた単語を当てる２人用ゲーム
- ババ抜き
- バトルシップ™：潜水艦をテーマにした対面式で楽しめる推理対戦ゲーム
- Smarty Ears™ アプリ（www.smartyearsapps.com）
- ミッシングゲーム：何枚かのカードを子どもに見せ，カードを記憶させる。その後に，子どもに目を閉じさせ，いずれかのカードを取り除き，どのカードがなくなったかを当てさせるゲーム
- UNO™
- 計数課題

・Fact or Crap™ カードゲーム：ほんとか嘘かを当てるトリビアゲーム

複数語による反応と長い発話
・伝言ゲーム：グループ内でメッセージを耳打ちで順に伝え，最後の人が伝えられたメッセージを声に出して発表するゲーム
・音読，歌
・TV のコマーシャルソング
・「もっと○○について教えて」
・ロールプレイ
・間違い探し
・Finish the story：物語を次々と紡いでいくゲーム
・バリアゲーム（92 ページに前出）
・キャリアフレーズ：「私は○○を見ました」や「私は○○を見つけました」，「私は○○をもっています」，「私は○○を作りました」のような，最初の数語が同じで最後の部分が変化するフレーズ。
・連続絵カード
・歌唱

参加
・Puppet Pals™ アプリ
・Show and Tell™　ゲーム
・Headbanz™：さまざまなアイテムの書かれたカードを自分だけが見えない形で額に当て，相手に質問をして自分が何かを当てるゲーム
・20 の質問
・子どもに教えてもらう（工作のやり方，TV ゲームの遊び方など）
・質問を交互に行う
・ダジャレ，なぞなぞ
・人間ビンゴ：付録資料（**資料８**）ゲームシートを掲載しているので参照して欲しい
・Guess Who?™ ボードゲーム[訳注9)]

訳注9）Guess Who?：見えない相手の人物カードをお互いに質問をしながら特定していくゲーム。「この人だあーれ」として日本語版もかつて発売されていた。

- 子どもがセラピストのインタビューする
- ストーリー・リテリング（物語作り）
- Toontastic™ アプリ
- 助けを求める
- Story starter cards
- コミュニカティブ・テンプテーション（欲しいものや，したいことに対して障害物を設けることや，遊んでいるボードゲームのパーツを"偶然を装って"隠すこと，工作に必要な道具を渡さないなど，子どものコミュニケーションを誘発するような環境を設定する）
- 物語を演じる

会話を始めること・会話を続けること
- 最初はスクリプト（台本）を用いながら，徐々に自発的な会話へと促す
- ソーシャル・ストーリーやソーシャルスキル・ブックを使用する
- ロールプレイ

　場面緘黙といってもその状態像は千差万別であるため，その子その子によって，治療はそれぞれの場所で，それぞれの人と，それぞれのレベルから始められることになる。しかし，治療は，まず一対一で行うことから始め，発話を新しい場所にフェードインさせたり，さらに新しい人をやりとりの中にフェードインさせたりしていくということには変わりはない。次の段階が大きな不安や回避を引き起こす場合には，より細分化された段階を設定すればよい。例えば，息を吐きだすことが難しくても，風船を膨らませることができる子どももいる。また，その段階で用いられるワークも，ひとつのやりとりの中に複数組み込むことができる。例えば，子どもが風車を吹く練習をして上手に吹けるようになったら，今度は息の吹きかけ方（「スー」と吹きかけてみたり，「プー」と吹きかけてみたり）を変えたり，息の吹き出しをその流れの中で無声音の発声へと移行させたりしていくのである。
　以下の2つが満たされたときが，コミュニケーションのはしごを次の段階へと進める判断基準となるので参考にして欲しい。

　1）子どもがほとんどためらうことなく，最小限の指示でセッション中の

活動をやり遂げられるようになったとき。
2）子どもがブレイブワークを不安なくやり遂げることができるようになったとき。

　セッション中の子どもとのやりとりの中で，子どもが話さなくなったら，次の段階に進むのは待った方が良い。風船を膨らませることはできるが，風車を回したり，ティッシュに息を吹きかけたりはできないのであれば，その子どもはもう少しこの段階での練習が必要というサインである。次の段階に進むのに，決まった練習量や練習時間があるわけではない。次の段階に進む判断をするためには，子どもの不安の程度とワークへの取り組みを常に観察しておくことが欠かせない。

　毎回，セッションの始まりでは，ウォーミングアップの時間をもつことが望ましい。このウォーミングアップは，前回のセッションの振り返りをするとともに，子どもの勇気を評価する時間でもある。そうすることで，前回のセッションと今回のセッションの連続性を意識させることができる。例えば，前回のセッションで息の吹き出しまで終わっていたのであれば，次回は身体音声や表情による表現の練習から始められる，といった具合である。

　子どもへの介入を始めるとき，セラピストは付録資料（<u>資料６</u>）にあるような，はしごの描かれたシートを使うとよい。このシートには，これまでの取り組みと現在の段階を書き込んでいく。こうすることで，子どもが視覚的に自分の進歩を確認することができる。新しいセッションを始めるに当たって，ウォーミングアップとして前回のセッションのステップから１～２段戻ったところから始めていく方が良いこともある。高学年の子どもの場合には，はしごの代わりとして，より強く勇気をもてるようになっていくという流れを意識させるために線路，木の枝といったイラストを提示しても良い。

　コミュニケーションのはしごは，保護者が一緒にいない時にこそ，有効なツールになる。質問への反応や，コミュニケーションのはしごに書いてある練習を促されたとき，多くの子どもはそれにどう反応したら良いかを保護者の反応を見て判断しようとする。彼らは，保護者の反応をみることによって，見知らぬ大人とのやり取りを避けることを学んできてからである。多くの保護者もまた，子どもの代わりに質問に答えたり，話したりすることが習慣づいてしまっている。したがって，強い分離不安がみられなければ，私は保護

98　場面緘黙の子どものアセスメントと支援

＿＿＿＿＿＿＿＿＿＿　さんとのコミュニケーションのはしご

ステップ1：＿＿＿＿＿＿＿＿＿＿＿＿＿＿＿＿＿＿
- ＿＿＿＿＿＿＿＿＿＿＿＿＿＿＿＿＿＿＿＿＿＿＿
- ＿＿＿＿＿＿＿＿＿＿＿＿＿＿＿＿＿＿＿＿＿＿＿
- ＿＿＿＿＿＿＿＿＿＿＿＿＿＿＿＿＿＿＿＿＿＿＿
- ＿＿＿＿＿＿＿＿＿＿＿＿＿＿＿＿＿＿＿＿＿＿＿

ステップ2：＿＿＿＿＿＿＿＿＿＿＿＿＿＿＿＿＿＿
- ＿＿＿＿＿＿＿＿＿＿＿＿＿＿＿＿＿＿＿＿＿＿＿
- ＿＿＿＿＿＿＿＿＿＿＿＿＿＿＿＿＿＿＿＿＿＿＿
- ＿＿＿＿＿＿＿＿＿＿＿＿＿＿＿＿＿＿＿＿＿＿＿
- ＿＿＿＿＿＿＿＿＿＿＿＿＿＿＿＿＿＿＿＿＿＿＿

ステップ3：＿＿＿＿＿＿＿＿＿＿＿＿＿＿＿＿＿＿
- ＿＿＿＿＿＿＿＿＿＿＿＿＿＿＿＿＿＿＿＿＿＿＿
- ＿＿＿＿＿＿＿＿＿＿＿＿＿＿＿＿＿＿＿＿＿＿＿
- ＿＿＿＿＿＿＿＿＿＿＿＿＿＿＿＿＿＿＿＿＿＿＿
- ＿＿＿＿＿＿＿＿＿＿＿＿＿＿＿＿＿＿＿＿＿＿＿

ステップ4：＿＿＿＿＿＿＿＿＿＿＿＿＿＿＿＿＿＿
- ＿＿＿＿＿＿＿＿＿＿＿＿＿＿＿＿＿＿＿＿＿＿＿
- ＿＿＿＿＿＿＿＿＿＿＿＿＿＿＿＿＿＿＿＿＿＿＿
- ＿＿＿＿＿＿＿＿＿＿＿＿＿＿＿＿＿＿＿＿＿＿＿
- ＿＿＿＿＿＿＿＿＿＿＿＿＿＿＿＿＿＿＿＿＿＿＿

ステップ5：＿＿＿＿＿＿＿＿＿＿＿＿＿＿＿＿＿＿
- ＿＿＿＿＿＿＿＿＿＿＿＿＿＿＿＿＿＿＿＿＿＿＿
- ＿＿＿＿＿＿＿＿＿＿＿＿＿＿＿＿＿＿＿＿＿＿＿
- ＿＿＿＿＿＿＿＿＿＿＿＿＿＿＿＿＿＿＿＿＿＿＿
- ＿＿＿＿＿＿＿＿＿＿＿＿＿＿＿＿＿＿＿＿＿＿＿

ステップ6：＿＿＿＿＿＿＿＿＿＿＿＿＿＿＿＿＿＿
- ＿＿＿＿＿＿＿＿＿＿＿＿＿＿＿＿＿＿＿＿＿＿＿
- ＿＿＿＿＿＿＿＿＿＿＿＿＿＿＿＿＿＿＿＿＿＿＿
- ＿＿＿＿＿＿＿＿＿＿＿＿＿＿＿＿＿＿＿＿＿＿＿
- ＿＿＿＿＿＿＿＿＿＿＿＿＿＿＿＿＿＿＿＿＿＿＿

ステップ7：＿＿＿＿＿＿＿＿＿＿＿＿＿＿＿＿＿＿
- ＿＿＿＿＿＿＿＿＿＿＿＿＿＿＿＿＿＿＿＿＿＿＿
- ＿＿＿＿＿＿＿＿＿＿＿＿＿＿＿＿＿＿＿＿＿＿＿
- ＿＿＿＿＿＿＿＿＿＿＿＿＿＿＿＿＿＿＿＿＿＿＿
- ＿＿＿＿＿＿＿＿＿＿＿＿＿＿＿＿＿＿＿＿＿＿＿

ステップ8：＿＿＿＿＿＿＿＿＿＿＿＿＿＿＿＿＿＿
- ＿＿＿＿＿＿＿＿＿＿＿＿＿＿＿＿＿＿＿＿＿＿＿
- ＿＿＿＿＿＿＿＿＿＿＿＿＿＿＿＿＿＿＿＿＿＿＿
- ＿＿＿＿＿＿＿＿＿＿＿＿＿＿＿＿＿＿＿＿＿＿＿
- ＿＿＿＿＿＿＿＿＿＿＿＿＿＿＿＿＿＿＿＿＿＿＿

者にセッション中，待合室で待っていてもらうことにしている。そして，セッションの終わりごろになったら，保護者を面接室に招き，そこで保護者と一緒に現在のステップの練習を行う。保護者がいなくても私と簡単に何度も話しができた子どもは，劇的に症状が改善していく。これは家族関係の問題なのではなく，これまでの習慣によるものである。治療的介入において，このことは考慮しておいた方がよい。

11．回避行動の消去手続き

　場面緘黙児のほとんどは，他者の期待に応えたいと思っており，取り組みやすい小さな目標と動機づけを高めるような報酬が設定されれば，自ら進んで意欲的に勇気をもった行動をとろうと努力する。しかし，どうしても大人とのやりとりを避けようとする行動が強く出てしまうことがある。このような時には，回避行動の消去手続きが有効である。この手続きは，子どもがすでにできている課題を強化することによって，回避を防止するというものである。回避行動の消去は，信頼関係が十分に形成されてから行われるのが望ましい。一般に，回避行動の消去は，以下の2つの時点で行われる。

　1）発話の回避もしくは発話に関連する行動の回避が，診断面接や行動観察から予測される時
　2）コミュニケーションのはしごを通した発話のシェイピングの進度が明らかに滞っているとき

　回避行動の消去は，セッションにおいて必ず達成できる目標を決めることから始まる。ここでの目標は，身体的に応答可能なものであることが望ましい（例えば，指差しやうなずき，首ふり）。回避行動の消去を行う最初のセッションに，身体的に応答可能な目標を使用するのは，セッションの終了までにその目標をやり遂げる可能性が高いからである。セラピストは，子どもにセッション中にやるべきことや，それに取り組んだ分の報酬がもらえて，そのセッションが終了するというということを事前に説明しておくと良いだろう。最初は確かに大変かもしれないが，繰り返し練習していけば大丈夫である。ここでこちらが十分把握しておかなくてはならないことは，回避行動

の消去手続きが導入されてしまうと，子どもはその課題を回避することが許されなくなってしまうということである。すなわち，行動が完成されるまでは，子どもはセッションに持ちこたえなければならない。したがって，セラピストは，しっかりと子どもが最後までやり遂げられるという見通しがない限り，この手続きを導入すべきではない。

　目標を達成するに当たって，子どもが課題をやり遂げる回数（例：ゲームで３つの絵を指差しするなど）を決めても良いし，一定の時間（例：砂時計を使って５分間課題に取り組むなど）を設定しても良い。子どもが課題をやり遂げた，もしくは一定の時間課題に取り組んだときに，即座に子どもに報酬を与え，セラピストからの目一杯の称賛とともにセッションを終了させる。回避行動の消去を行う際の子どもに対する説明の例として以下のようなものがある。

　「今日は面白いことをやろうと思います。今日のセッションは，指差しをやっていきます。もちろん，あなたが上手にできることはよく分かっています。私は，あなたが勇気を持てるようになるためのコーチとして，あなたができないことをやらせるようなことは絶対にしません。ここに砂時計があります。見たことがありますか？　見ての通り，砂が上から下に落ちていきます。いくつかのワークをやっていきますが，あなたがワークを頑張っている間に砂が落ち続けます。全部の砂が落ち切ったら，そこでワークは終わりです。好きな賞品を選んで，クラスに戻ります。ワーク中に何か困ったことが起きてできなくなっても心配はありません。そのときは，砂時計をひっくり返して，また取り組む準備が整ったところでまた砂時計を開始します」

　砂時計を使うとき重要なことは，砂時計の残り時間は子どもがそのワークに取り組む時間を表しているのであって，セッションそのものの残り時間を示すものではないということをこちらがしっかりと認識しておくことである。間違った使い方をしてしまうと，砂時計が単に子どもが課題を回避するための待ち時間を示すものになってしまう。つまり，子どもが課題に取り組んでいる時だけ，砂が落ち続けているということである。子どもがその課題に取り組めないのであれば，１つだけプロンプト[訳10]（例：絵カード）を与

第4章　場面緘黙児の治療プロセス　101

える。それでも難しければ，砂時計を止めて，もう一度プロンプトを与える。そうして，子どもが課題に応じられるようになるまで待つ。待っている間，セラピストは，事務作業や部屋の掃除など，何か別のことをしているのも良い。じっと子どもを見て，あからさまに待っているという姿勢を示すことは，かえって不安を高めてしまうからである。それでも課題に応じないのであれば，再び先ほどのプロンプトか身体的なプロンプト（例：子どもの手を取って課題を指し示すなど）を与える。もしくは，すでに達成している課題に戻っても良い。プロンプトを用いての練習または達成できている段階の課題をもう一度練習してから，新しい段階に挑んでいく。子どもが成功したら，すぐに称賛し，砂時計を再開させる。

　以下は，回避行動の消去手続きの実施例である。

セラピスト：今日のワークがとても楽しみです。これまでの頑張りはとてもすごいことだと思います。今日は，指差しのワークをやっていきましょう。ここに絵の描かれたカードがあります。私が動物の名前を言ったら，それに合う動物のカードを指差してください。ここに砂時計があります。ワークをしている間，砂時計の砂がどんどん落ちて行きます。そして，砂が全部落ち切ったら賞品をもらって，このまま続けてもいいし，クラスに戻ってもいいです。好きな方を選んでください。じゃあ，早速始めましょう。指差しするのは……ウシ。（簡単なものから始めるようにすること）

子ども：（正解を指差し）

セラピスト：よくできました！　ウシがどこにいるかが分かって，指差しで教えてくれましたね。じゃあ次は，アヒル。

子ども：（指差しをしないで，そっぽを向く）

セラピスト：（5秒待ってから）もう一度やってみましょう。アヒルを指差してください。

子ども：（無反応のまま）

セラピスト：（5秒待ってから）んー……これはちょっと難しかったか

訳注 10) プロンプト：行動を促進するために用いられるさまざまな手がかりやサポート手段のこと。

> な。じゃあ砂時計を止めます。それではもうできているものをやって
> みましょう。ウシを指差してください。
> 子ども：（ウシを指差す）
> セラピスト：よくできました。じゃあ，もう一度アヒルに挑戦してみま
> しょう。アヒルを指差してください（子どもの前にアヒルの絵カード
> をプロンプトとしてそっと差し出す）。
> 子ども：（アヒルを指差す）
> セラピスト：よくできました。すばらしい。もう一回やってみましょう。
> アヒルを指差してください（プロンプトなしで）。
> 子ども：（アヒルを指差す）
> セラピスト：すばらしい。それじゃあ砂時計を再開させます。よく頑張
> っていますよ。

　セラピストが回避行動の消去手続きを行うにあたって，私たちは，子ども
が自分の困難を克服していく力があると信じて待つこと，そして達成できる
見込みが高い目標を設定することが何よりも大切である。私は，子どもがあ
る課題に取り組むのにとても苦労をしていると感じた場合は，時間的ゆとり
をもって行えるように，その日の最後の時間帯にセッションを設定するよう
にしている。

　回避行動の消去手続きの目標は，回避行動を減少させ，子どもがセラピス
トの与える課題に取り組めるようになることである。プロンプトや身体的プ
ロンプトを通して課題への応答性を高めるための数セッションを経た後，プ
ロンプトを必要としないやりとり（息の吹き出しや単純な音声発話など）へ
と変化させていく。子どもが目標行動への意欲を維持しているようであれば，
セラピストは回避行動の消去を中断して，コミュニケーションのはしごを登
る練習を再開させていく。したがって，子どもが課題への取り組みの意欲を
維持するためには，子どもの変化への期待を過大に持ち過ぎないことと，次
のはしごの段階を高く設定しないことが重要である。そして，子どもが現在
のはしごの段階に十分に取り組めるまで次の段階に移行しないこと，不安も
しくは回避を喚起させないようにすることにも常に気を配っておく必要があ
る。

第5章
治療チームメンバーが行う
ブレイブワークの実際

　「子どもを育てるにはムラ（コミュニティ）が必要」というアフリカの 諺
がある。まさにその通りで，場面緘黙をもつ子どもを援助するのにもコミュ
ニティが必要であり，子どもを取り巻く治療チームのメンバーは，皆それぞ
れが大切な役割を担っており，行うべきブレイブワークの内容も異なってい
る。

1．キーワーカーが行うブレイブワーク

　「練習はウソをつかない」とはよく言ったもので，これは場面緘黙の子ども
達の生き方そのものといっても過言ではない。彼らは何年もの間，常に回避
するということの練習に時間を費やし，同時に周りの人たちは，代わりに質
問に答えたり，質問をしなかったり，彼らの非言語的反応を受け入れること
で回避することの強化を積み重ねていく。どんなことでも練習していけば上
達するという訳である。

　緘黙を克服していく上で必要なのは，"勇気をもって行動する"ことであ
る。そのために必要なのものは練習以外にはない。先にも示したように，子
どもが勇気をもって行動できるようになるために行うキーワーカーが行う直
接的な介入（ブレイブワーク）は，少なくとも15分のセッションを週3回
行うことが望ましい（これには，保護者やその他のメンタルヘルスの専門家
による介入の回数は含まれない）。繰り返し何度も練習することが，これまで
子どもが培ってきた回避を打ち消すために何よりも必要である。

　私は主に，学校外の相談室でブレイブワークを行う立場であるが，そこで
刺激フェーディングやシェイピングを積み重ねた後に大切になることは，そ
こで得たスキルを外の世界に般化させていくことである。実際，相談室で発
話できるようになる子どもは多いが，特別な練習をしないで，相談室の外で

自然に発話が般化していくことはありえない。

　般化を進めていくにあたって，まず学校場面や相談室場面における発話を，他の場面や新しい人へ広げていくための段階的な援助プランを設定することが必要である。例えば，キーワーカーとの一対一での練習，もしくは子ども，キーワーカー，気楽にコミュニケーションが取れる人（保護者，きょうだい，友人など）で構成されたグループの中で練習を行い，そこで安定した発話がみられるようになったら，他の場面や人への般化にシフトさせていく。般化の際，"新しい人"との練習，もしくは"新しい場所"での練習のいずれかを選択することになるが，ここで重要なことは，変化させる条件を1つに絞るということである。一度に多くを変化させようとすると，不安を高め，心理的負担が大きくなる。

　したがって，例えば，目標を「教室で教師と話ができるようになること」と設定したのであれば，最初，誰もいない教室で，子どもとキーワーカーがブレイブワークを行うということになる。そこで発話ができたら，担任の教師がそこにフェーディングしていく。あるいは，子どもが話せるキーワーカーの部屋の中に，担任の教師がフェーディングしていき，発話を維持させながら，子どもと担任とで教室へ一緒にフェーディングしていくという方法も考えられる。

　子ども自身に，練習してみたい場所や人を選択してもらうという方法は，お勧めである。私は，子どもに1〜5のスケールを使って，学校内でのいろいろな人や場所が書かれたリストを見せながら，どの程度「話しにくいか」を評価してもらい，その評価に基づいて，「最も話しやすい人や場所」から練習を始めるようにしている。ここで，注意して欲しいことは，新しい人や新しい場所で「話したい」かどうかとは質問しないことである（多くの子どもが，それに「イヤだ」と答えることは明らかであるため）。そうではなく，以下のような選択式の質問形式を用いるとよい。「**あなたは，ここでの練習を本当によく頑張っているし，かなり進歩したと思います。なので，そろそろ新しい人を練習に入れてみようと思うのですが，AさんかBさんかCさんの誰と練習してみたいですか？　この中の人で，誰が一番おしゃべりしにくそうか教えてください**」

　このようにキーワーカーは，刺激フェーディングもしくはシェイピングを行うための事前に適切な新しい人を選定しておくことが重要である。その際

にも付録資料（**資料6**）に示した"コミュニケーションのはしご"が役に立つ。はしごに話しやすい人から話しにくい人を下の段から上の段へと書き込むと良いだろう。新しい人と練習を行う際，刺激フェーディングは，新しい人を子どもとの会話場面や活動場面へとゆっくりフェーディングさせていく訳であるが，それが子どもにとってプレッシャーとなり，不安にさせてしまう場合もある。そんなときは，刺激フェーディングよりも，シェイピングを用いた方がよい。例えば，キーワーカーは，子どもと親しいすでに話せる人で構成されるグループに新しい人を同席させる。それから，グループでジェスチャーや息の吹き出し，音を立てるという練習を行う。シンプルなものから始めて次第に複雑なものへ"コミュニケーションのはしご"（練習内容の簡単にできそうなものを下の階段に難しそうなものを上の階段に書き込むと良い）を登り，最終的には言語的やりとりの段に辿りつく。ブレイブワークの始めのうちは，子どもの反応はほとんどキーワーカーに向けられるだろう。新しい人は，子どもからの反応はなくとも，子どもに対して働きかけてよい。その働きかけによって，子どもが発話できる人になれる可能性がある。子どもの発話の方向や注目が，新しい人に移行していかなければ，当然，子どもが新しい人に自分から話しかけることはないだろう。そうなると，キーワーカーがいなければ，あらゆるブレイブワークはできないということになってしまう。子どもが自分から新しい人に働きかけることはないことを踏まえれば，新しい人が子どもに働きかけることは何の問題がないだけでなく，それは欠かせないことなのである。

　場面緘黙児は，柔軟性に欠け，人とのかかわりに敏感な傾向が強いため，今できている発話を，他の場所や人に般化させていく能力を獲得することが難しい。般化は困難かつ最も重要な課題といっても過言ではない。学外の相談室でセラピストと話しをするからといって，その他の場所で自然に発話できるようになる訳ではない。だからこそ，練習が必要なのである。練習は繰り返し何度も定着するまで行われなくてはならない。そうでないと，相手から目を逸らしたり，練習がなかなかうまく進まなかったりするだけではなく，人や場所に対する不安や恐怖が再発してしまうこともありうる。もしそうなった場合には，ステップを遡って発話を再構築しそこから練習を再開すればよい。

　学校場面において，子どもが少しずつ人と言葉でやりとりできるようにな

ったら，キーワーカーとのブレイブワークは，さらに別の多くの人達と話しができるような活動へと切り替えていく。例えば，"人間ビンゴ"は，遊びの形式を通して，多くの人々と言葉でやりとりするのを促進してくれる。"人間ビンゴ"は，ビンゴカードの9つのマスの中に，例えば持ち物や経験（"ディズニーランドへ行ったことがある"や"犬を飼っている"など）が書かれている。そのマスに書かれている質問に当てはまりそうな人をそれぞれ探し出し，ビンゴを行うゲームである。付録資料（**資料9**）の好きなものゲームシートを活用して欲しい。"インタビューゲーム"は，何人かの人に，さまざまな"好きなもの"なものを質問していきマスを埋めていくゲームである。付録資料（**資料6**）の子どもに校長宛の封筒を届けてもらうことや，その封筒を投函してもらうように頼むといった，発話の必要な別々の用事が書かれた"ミッションカード"を渡すという方法もある。付録資料（**資料10**）のシートも活用して欲しい。インタビュー内容があらかじめ書かれたリストを使って，子どもに，学校内でクラスメイトや大人に対してインタビューさせるのもよい。質問シートを使って，あらかじめ質問する内容がわかっている状態であれば，社交不安を低減させることもできる。

キーワーカーとの個別の練習がうまく進んできたら，次は教室でのクラスメイトとのかかわりやさまざまな活動へとフェーディングさせていく段階へと突入する（例：個別にクラスメイトに会うことから小集団の子どもたちに会うことへと移行し，そこから在籍クラスにいる全員の子どもたちに会うことへ移行していくなど）。目標が，「クラス内で教師や生徒たちと，自信をもって話しができるようになること」であれば，キーワーカーの行うべきことは，まず，子どもと一緒に教室内で話す練習をすること，それから，集団活動の中で他の児童生徒と話しができるように促すこと，教師からの問いかけに応答できるように援助すること，子どもの口頭発表を支援することである。キーワーカーは，簡単な課題から始めて，徐々に発話への不安を喚起するような難しい課題へと移行していくことで，教室での発話を可能にしていくことが求められる（例：最初は，教室の隅で，次に教室の中央，最後に前の方へと発話を促していくなどという方法もある）。

"コミュニケーションのはしご"の最上段は，自分から口火を切って発話することである。最終目標が「自発的な発話」とするならば，まずプロンプト（台本）のある会話を通して，口火を切る練習を行う必要がある。以下は，こ

の段階におけるブレイブワークの例である。

- ミッションカード
- 口頭発表のロールプレイ
- 体育の授業におけるストレッチ
- 興味のあるトピックに関する発表または，ある事柄をクラスメイトに教えること
- クラスメイトや教師との台本にある内容での会話。付録資料（<u>資料 11</u>）を活用して欲しい。

　キーワーカーの重要な役割の一つに，子どもの変化について，保護者や教師，心理師と情報共有するということがある。私は，子どもに関わるすべての人に，子どもの練習成果について記録を残しておくことを勧めている。子どもの変化についての記録をバインダー等に綴じて残していくことで，すべての援助者（キーワーカー，心理師，保護者など）が変化の軌跡をたどることができる。煩雑なように思われるかもしれないが，こうしたことを面倒くさがらずにチーム内で情報共有することこそが治療の成否を決めるといっても過言ではない。治療チームの主要なメンバー（キーワーカー，心理師，保護者など）が，子どものうまくいっている点や，苦戦している点，そして，各々のメンバーが今，子どもとどんなことに取り組んでいるかを知っておくことはとてもとても大切である。記録シートとその記載例を付録資料（<u>資料 12</u>）に示したので是非参照して欲しい。

２．学外の公認心理師・臨床心理士が行うブレイブワーク

　学外における公認心理師・臨床心理士などの専門家は，実際のセラピーもさることながら，学校へのコンサルテーション，子どもへの介入方法に関する助言や指導を行う点においても重要な役割を担っている。援助を成功に結びつけるために，子どもには事前のロールプレイと実際の行動を通したブレイブワークが必要であるが，公共の場におけるブレイブワークの実施プランを決めるに当たって，以下の３点を念頭に置いておくとよいだろう。

1）ブレイブワークの実施プランがどのくらい難しいものであると思っているかについて，子ども自身からその評価を確認しておくこと（1：非常に簡単〜5：非常に難しい）。

2）事前のロールプレイは子どもと一緒に行うこと。例えば，レストランで何かを注文しようというときに，セラピストが店員の役をやって注文の練習をできるようにする。相談室から出る前に，事前にネットでメニューを確認しておいて，実際に使いそうな正確な言葉を練習できるようにする。可能であれば，子どものためのプロンプト（台本）を準備しておくとよい。

3）プランBを用意しておくこと。プランされたブレイブワークが難しすぎる場合に備えて，代替プランを用意しておく。プランBを使うということは，あらかじめ想定されたやりとりを避けることになってしまうのではないかと考える人もいるだろうが，プランBは決して逃げではない。プランBを用いることで，子どもをよりリラックスさせられると実感している。あなたが，これからかなりの不安を喚起させられるようなことをしようというときに，プランB（プランC，プランD……）は必要ないと断言できるだろうか？　是非考えてみてほしい。

公共の場におけるブレイブワークのアイデアとしては，以下のようなものがある：

・レストランでの注文：カウンターで注文するファーストフード店でも構わないし，ウェイターがテーブルまで来てくれるレストランでも構わない。

・コンビニへのおつかい：子どもがひとりではみつけられなさそうな商品をリストとして渡し，買い物をしてきてもらう。そうすることで，子どもが店員に，その商品がどこにあるかを尋ねる状況を作り出す。

・ボーリング：ボーリングは，何ゲーム遊ぶのか，誰としたいか，シューズのサイズはいくつかといったことを要求させたり，また食べたいものや飲みたいものを子どもに注文させたりする機会になる。ボーリングをしていると，お互いに何気なくやり取り（「次はキミの番だよ」，「おーすごい！」といった声かけなど）ができるので，何人かの場面緘黙児で一

緒にやるのもよい。

- **ショッピングモールへのお出かけ**：ショッピングモールは，一カ所でたくさんの発話の機会を与えてくれる場所である。入口の警備員，ファーストフード店員，ドラッグストア店員，貴金属店員，家電量販店員，フロアスタッフなどが発話の対象となる。
- **老人ホームへの訪問**：昼食や夕食の時間に訪問するとよい。そこで，入居者たちのテーブルまで，飲み物などを運ぶ。多くの入居者は耳が遠いため，子どもは自然と大きな声で話すようになりやすい。
- **インタビューゲーム**：さまざまな人々に，それぞれの経験や好きなものなどについてインタビューして遊ぶゲームである。例えば，面接室や公園，学校などの場所で何人かに個別のインタビューを行う。より幼少の子どもを対象とする場合，これらのインタビューは，絵や図を提示する形式で行うとよい。

このようなブレイブワークを進めていく上でも，治療チームメンバー間でのコミュニケーションは不可欠である。公認心理師・臨床心理士などの専門家は，キーワーカーに対して月1回程度，電話でコンサルテーションを行うのが望ましい。コンサルテーションは，子どもの変化を確認するのに大変役立ち，学外で行うブレイブワークと目標を設定する上でのアイデアのブレーンストーミングにもなる。電話でのコンサルテーションのポイントは，以下の4点である：

1）学校内で，その子どもがどの程度変化してきたか？
2）学外の相談室で，その子どもがどの程度変化してきたか？
3）その子どもにとっての長期的な目標はなにか？
4）目標達成のために，今行っている介入方法をどのように修正，改善すればよいか？

公認心理師・臨床心理士などの専門家は，子どもの家族や家族ぐるみの友人，その他の人々が子どもに働きかけ，フェーディングしていく際にも重要な役割を担う。私が最近かかわった，ベビーシッターと全く話すことのできない小さな男の子の例をあげよう。そのベビーシッターは，彼が発話できる

ようになるためにセッションに協力してくれた。初回のセッションで，まず
彼女には，私と子どものやりとりと，そのやりとりを通して子どもが話して
いる様子をワンウェイミラー越しに観察してもらった。その後，セッション
の最後の数分のところで，次回のセッションへのフェーディング方法を教え
た。そして次のセッションで，子どもが発話しながら遊んでいる場面に，彼
女をゆっくりとフェーディングさせていった。そのセッションが終わる頃に
は，彼とベビーシッターとの会話が十分に成立するようになり，私が退室し
てもそれが変わることはなかった。私は，彼女に対してその発話が般化し，
不安が低減するように積極的に彼とやりとりを継続するように勧めた。3回
目のセッションでは，その週にあった困りごとのフォローアップのみの面接
となり，その後，男の子は普通にベビーシッターとおしゃべりするようにな
ったということが報告された。

3．保護者が行うブレイブワーク

　最も重要な保護者の役割のひとつに，社会性の促進があげられる。子ども
が社会性を発揮できるようになるための親がかかわれる場所や人は，おおま
かに以下の4つがある。

- ・課外活動
- ・クラスメイトとの家遊び
- ・親戚や家族ぐるみの友人とのやりとり
- ・公共の場におけるブレイブワーク

●課外活動

　私自身，3歳児をもつ母親だが，日々の生活の慌ただしさの中で，公共の
場で練習する時間をつくることの大変さはよく分かっているつもりである。
しかし，学校における継続的な練習が必要なように，保護者には，公共の場
における練習の機会を子どものために作っていくことが求められる。
　私は，クライエントに対して地域の課外活動に参加することを勧めるよう
にしている。課外活動への参加は，自信を高め，クラスメイトとの社会的や
りとりを増やしてくれる。どういった課外活動をするかは，子どもの現在の

第5章　治療チームメンバーが行うブレイブワークの実際　111

状態や症状の度合いから判断するとよい。

　あなた自身のお子さん，またはかかわっている子どものコミュニケーションスキルの度合いを思い浮かべたときに，最も当てはまりそうなのはどのレベルだろうか？

　　レベル3：このレベルの子どもたちは，ウォームアップを必要とするが，クラスメイトや大人と言葉でやりとりすることができるし，要求を伝えたり，簡単な質問に対して応答したりすることができる。また，慣れない場所に一人で置かれたとしても，極度の不安状態（発汗，緘動[訳注1]，アイコンタクトが取れない，呼吸の乱れなど）を呈することはない。保護者と離れて新しいことに挑戦したり，新しい人間関係を築いたりすることにも大きな抵抗を示さない。

　　レベル2：このレベルの子どもたちは，うなずきや首ふりといった身振りを介して，自分の要求を伝えることができる。クラスメイトとのやりとりは比較的スムーズであり，教室以外の場所でも言葉でやりとりできる友人が1人はいる。短い時間ならば，保護者から離れて新しい活動に参加したり，新しい人間関係を築いたりすることに抵抗を示さない。しかしながら，見知らぬクラスメイトや大人を前にすると，体が固まってしまったり，言葉でのやりとりができなかったりする場合が多い。

　　レベル1：このレベルの子どもたちは，知らない大人やクラスメイトに対して，顕著な不安を示す。緘動を示すこともあり，言語的にも非言語的にもコミュニケーションの量はごくわずかで，保護者から離れることが難しいため，新しい課題や活動に参加することができない。

　あなたの思い浮かべた子どもがレベル3に当てはまるのであれば，新しい活動やスポーツなどに挑戦することが可能である。ウォーミングアップの時間を十分に取るとより挑戦しやすくなる。すなわち，新しい活動を始める前

　訳注1）緘動：不安と緊張から動作，行動が抑制され硬直し動けなくなること。不自然な態勢のまま固まってしまったり，体育，音楽などで周囲と同じ行動をとらないなどさまざまな反応がある。

に，コーチやカウンセラーと個別に面談しておいて，抵抗なく言葉でやりとりできる時間をもっておくとよい。さらに，活動の関係者に対して，場面緘黙と何なのか，不安をもつ子どもに対する働きかけ方のコツなどについて適切な情報を与えておくことが望ましい。課外活動として相応しい活動やスポーツとしては，スイミング，体操，サッカー，ボーイ・ガールスカウト，ダンス，野球などが挙げられる。

　思い浮かべた子どもがレベル2に当てはまるのであれば，短期間の課外活動もしくは，夏休み期間中の活動（1回につき1〜2時間程度のもの）が適切だろう。できれば，仲の良い友人が参加しているものがよい。楽しい雰囲気の中で新しい同年代の子どもや新しい大人とコミュニケーションをとるのに，集団スポーツや絵画，工作といった創作活動，ボーイ・ガールスカウトなどのアクティビティは，絶好の機会となる。活動を運営している大人に対して，先に示したような適切な情報を提供することも重要である。また，うなずきや首ふり，指さし，筆談といった非言語的コミュニケーションの方法を用いてもよいことを子ども本人に対して伝えておくことも必要である。

　レベル1に当てはまる子どもの場合，スイミング，ランニング，乗馬など一人で取り組めるスポーツが適している。他者とのコミュニケーションを必要とせず，保護者と一緒に安心して参加できるような活動がよいだろう。保護者は，最初のうちは子どもがそこで安心していられるようにサポートする。そこから徐々に距離を取り，離れていくことで，ゆくゆくは子どもがひとりで活動に参加できるようにしていく。

●クラスメイトとの家遊び

　家遊びは，日にちの設定や遊びの内容などを考えなければならないのでなかなか難しい活動ではある。それでも，家遊びは，クラスメイトとの言葉でのやりとりを促す最も効果的な方法である。場面緘黙をもつ子どもにとって，同じクラスの友達と繰り返し，家遊びをすることはとても重要である。クラスの中から家遊びの「お相手」を選ぶときに，教師からその子どもにふさわしいクラスメイト（子どもをさり気なく先導してくれて，他の普通のクラスメイトとは異なるコミュニケーションにも対応してくれそうな子ども）の候補を何人か提案してもらうとよい。お相手は，場面緘黙児が反応するまでに長い時間を要することを受け入れ，辛抱強く付き合える子どもが望ましい。

押しつけがましくなくて，子どものパーソナルスペースを侵さない，でも打ち解けた雰囲気の中で自分のことは自分でさせてくれるようなお相手がふさわしい。ある程度見通しが立ったら，実際に場面緘黙児とお相手を組ませてみて，それでよいかを確認する。

　お相手を組ませるのによさそうな子どもは誰だろうか？　その子どものどういった特徴が，二人を組み合わせるのにふさわしいと思うのだろうか？書き出してみよう。

_____　_____
_____　_____
_____　_____

　お相手の子どもが決まったら，次に保護者のすることは，家遊びの日程調整である。ここで重要なのはお相手を自宅に「招く」ということである。こちらが新しい場所，すなわちお相手の家に出かけて行くことは，コミュニケーションの抑制につながる可能性があるため避けた方がよい。自分の家で遊ぶことの心地よさも相まって，発話が楽に行える子どももいれば，発話を促進するための特別な配慮を要する子どももいる。家遊びを介入として用いる際に求められる保護者の行う具体的なアプローチは，以下に示した2つの段階で進めていくと良い。

1）保護者は，子どもとお相手とのやりとりに参加しリードする。内容としては，お絵描きや工作，発話を促進するようなゲーム，クッキング，ごっこ遊びのような相互のやりとりが生じる遊びがよい。これらの遊びは，発話を促進するのに大変よい機会となる。可能であれば，保護者は，子どもに対して，お相手の前で（直接的なものでなくても）しゃべらせる機会を設けるとよい。
2）やりとりの中で発話が生じるようになったら，保護者はそのやりとりからゆっくりとフェードアウトしていく。最初は，断りを入れて短い時間にするとよい（「ちょっとキッチンに行ってくるね」といった声かけ）。そうして，次第にフェードアウトの時間を延ばしていき，保護者がその場を離れても発話が維持できるようにしていく。

家遊びが無事終わっても，お相手と一緒のときにみられた発話が，その後も魔法のように継続すると安易に考えない方がよい。一緒に家遊びをした二人は，学校においても可能な限り頻繁にペアを組んでいくことが必要であり，保護者は継続的に自宅にお相手を家遊びに誘う必要がある（ある程度，関係が出来上がってきたら，遊ぶ場所を公園やプール，校庭などに変えてもよい）。例えば，保護者が家遊びでの発話を学校の教室での発話までもっていきたいならば，以下のようなステップで進めていくとよいだろう（図7）。

　常に新しい場所へとステップを登りながら，そこでエクスポージャーを繰り返すことでしか，場面緘黙の子どもたちは，さまざまな場所で継続して発話を行えるようにはならない。付録資料（<u>資料7</u>）に家遊びチェックシートを掲載しているので，ぜひ活用してほしい。

　また，保護者は，家族・親戚や家族ぐるみの友人とのやりとりにおいても重要な役割を果たす。保護者は，家族・親戚や家族ぐるみの友人の中で，子どもと一緒に練習をするのに誰がふさわしいかを決めておく。差し当たって目星をつけるなら，子どもと頻繁に顔を合わせていて子どもへのサポートに関心をもってくれそうな家族・親戚もしくは家族ぐるみの友人である。

　例えば，伯母に，週の何日か家に来てもらい，子どもと一緒にボードゲームで遊びながらコミュニケーションを取るというのもよい方法である。または，ベビーシッターに定刻よりも少しだけ早く来てもらう，もしくは終業時間を少しだけ延長してもらうことで，その時間に，子どもと集中的にかかわってもらうというのもよい。

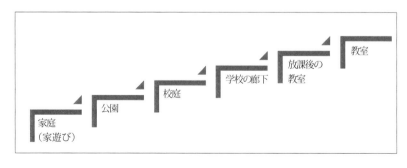

図7　家遊びでの発話から教室での発話までのステップ

公共の場におけるブレイブワークは，その他の公共の場や新しい場所への
コミュニケーションの般化を促進することにつながっていく。保護者は，子
ども本人に対して，さまざまな公共の場に出ていき，そこで社会的やりとり
ができるという自信を持たせることが大切である。公共の場における練習に
関する詳細は，前節で示した学外の公認心理師・臨床心理士が行うブレイブ
ワークを参照してほしい。公認心理師・臨床心理士が，公共の場における発
話の般化を促進しながら，保護者もまた，子どもと一緒に心理師が行ったブ
レイブワークを繰り返し練習すればよい。しかし，事前にしっかりと計画を
立てた上で練習しなくてはならない（これを計画的練習という）。突然行う
練習は，心の準備が整わないだけではなく，ストレスフルであり，きょうだ
いなど外からの予想外の妨害を受けやすいからである。よって，計画的練習
の最初の目標は，困難に出会っても恐れずにいられるようになることである。
例えば，父親が子どもを喫茶店に連れていく場面を考えてみよう。父親は，
子どもが落ち着いた気持ちで練習を行えるよう十分な時間を確保して準備し
ておく必要がある。食料品店への外出では，カート 1 台分食料品を買おうな
どと欲張らずに，おもちゃ売り場がどこにあるかを尋ねて，ちょっとした買
い物をする程度の目標で十分である。練習を繰り返していき，子どもが，す
でに自信をつけてきているようであれば，練習を計画する必要性はだんだん
となくなっていく。子どもは自発的に活動するようになっていくからである。
一般に，公共の場での練習を繰り返していくと，子どもの不安はどんどんと
減少していく。

最後に，子どもの不安が高いからといって，話すことや，すべきことをし
なくてもよいと，保護者が許容しないという覚悟が必要である。すべきこと
を，しないでもよいと受け入れてしてしまうのは，保護者が子どもの不安げ
な様子や反応をみて，心配で耐えきれなくなり，子どもが変化することへの
期待が揺らいでしまうときである。そのような場面で起こりうる，さまざま
な保護者の反応の例を以下に示した。

・子どもに対して，あなたが話しをしたところで，何も悪いことは起こら
　ないから心配しなくてもよいと説得すること。このことは以下の理由か
　ら問題である。
・心配するなと他者に説得されても，大抵その説得は役に立たない。

- 子どもが話しをしたときに，実際，悪いこと，望ましくないことが起こることもある（例：驚きを伴って反応されるなど）。
- 子どもがコミュニケーションを行わなくとも，子どもの代弁をしたり，子どもの望むものを与えたりすること。これは，子どもの発話に向けてのあらゆるモチベーションを低減させてしまう。
- 子どもが話さない，あるいは不安そうだからという理由で，課外活動に参加させないこと。
- 不安の延長線上にあるという考えのもとで，問題行動（例：かんしゃく，暴言，不正，暴力など）を受け入れること。
- 不安に対するコーピングスキルのモデルを示さずに，子どもに大人が動揺している場面を見せること。

　このように，保護者が子どもの不安を察して，それを低減させるために用いる配慮の多くは，逆に子どもの不安を高めてしまうのである。実際，保護者がしなくてもよいと子どもを許し，受け入れてしまうと，子どもの不安はますます助長され，治療の予後を悪化させることが明らかになっている。不安は，時として自分を守ってくれたり，助けてくれたりするものであることを子どもに言い聞かせる必要はあるが，持続的で高すぎる不安を子どもに感じさせることには何のメリットもない。

　だからこそ，子どもたちは，怖くとも，頑張ってブレイブワークを続けることは意味があり，保護者はそれに取り組めるよう励ましてあげる必要がある。保護者からのサポーティブな声掛けは，子どもの頑張りに対する共感的な言葉と，変化を促進する次のような言葉で伝えると良い。

　「怖がっていることはよく分かってるよ。そして，キミがどれだけ勇敢かもよく分かっているからね。キミならきっとできるはずだよ」

　「これは嫌なことかもしれないけど，耐えられないほどのものではないと思うよ」

　「サッカーの練習に行くことが大変なのはよく分かるよ。でも，怖いと思いながら，頑張っていることはとてもすごいことだよ」

4．担任の教師が行うブレイブワーク

　すべての子どもにとって，学校が快適で，自分の存在を受けとめてくれる場所だと感じられるようにサポートすることが教師の重要な役割である。したがって，子どもが自信をもてるか否かは，教師との関係性の良さにかかっているといってもよいだろう。緘黙児が話しをしないことに対して，理解の乏しい教師は，緘黙児の不安を高めてしまうことを恐れて，発話を必要とするような活動に緘黙児を参加させないということがある。しかし，それでは緘黙児は緘黙児のままである。教師の果たすべき役割はとても大きいのである。

　まず，担任の教師が行うべきことは，緘黙児とコミュニケーションがとれそうなクラスメイトを見つけることである。緘黙児がキーワーカーと話しをするようになったら，そのクラスメイトと刺激フェーディングかシェイピングを用いて関わりをもつことを支援する。ただし，その関わりをもつ前に，教師はいくつかの前段階を踏んでおく必要がある。

　担任の教師は，日常的に子どものコミュニケーションを促進するよう努めておくことが重要である。多くの教師は，緘黙児の不安を高めてしまうのではという思いから，緘黙児に対して質問を投げかけることを避けてしまう傾向がある。しかし，質問に対する反応の機会が与えられないと，緘黙児は教師とコミュニケーションをとるために必要なスキルを獲得することができない。学期の始めから，担任が積極的にコミュニケーションをとる姿勢が関係性を形成していくことにつながっていく。このとき，選択式の質問を用いると緘黙児が応答しやすくなる。

　場面緘黙児に質問する際に重要なことは，応答が得られるまで「待つ」という姿勢である。応答まで待つ準備ができていない，あるいは緘黙児から応答がないのに質問を重ねることは，緘黙児の回避を強化してしまうので注意が必要である。選択式の質問に応答できないのであれば，以下の例のように，応答可能なコミュニケーションのステップの段階まで戻ればよい。

担任：今日のお昼ごはんは，ピザとハンバーガーのどっちがいい？

子ども：（沈黙）

担任：（少なくとも5秒以上待ってから）どうかな？　ピザ？　それとも
　　ハンバーガー？

子ども：（沈黙）

担任：じゃあ，ピザがよかったら"p"，ハンバーガーがよかったら"h"
　　って言って。

子ども：h

担任：教えてくれてありがとう。

　最近，私は小学校3年生の男児のクライエントとセッションをもった。彼は，学校内でクラスメイトやキーワーカーと話しができるまでになっていたが，担任の教師とだけは話ができずにいた。私は，どうして先生に話しかけられずにいるのかを尋ねてみた。彼は，「だって先生は私が話すかどうかなんて気にしないもん。先生はいつも答えを紙に書くように言うから」と応えた。担任の教師は，彼に嫌な思いをさせたくないと思って，言葉による返答を求めていなかったのである。そのことで，彼は，発話することに対してアンビバレントな気持ちを抱いていたのである。無理に発話させるのではなく，教師は，子どもの声が聴けたときにその喜びを，大げさ過ぎない程度のジェスチャーなどを交えながら素直にその気持ちを伝えてあげればよい。

　交換日記も，担任の教師とのコミュニケーションを始めるのにとてもよいきっかけとなる。担任の教師が，子どもの興味を引くような質問を書いて渡し，子どもが家で返事を書いてもってくる。この日記のやりとりがスムーズにできるようになってきたところで，今度はそれを動画によるコミュニケーションに変えていく。教師がまず，子どもに対する質問を動画に撮り，それに子どもが動画で答えるという具合である。最初は，その動画を教師がひとりで見て，その後で，子どもと一緒に見るようにする。その後，校内にある一室で教師が動画を録画し，子どもは別の一室でそれに応えるというやりとりを繰り返しつつ，ふたりが同室にいながら動画を録画する機会を設けていくようにすることで，ゆっくりとお互いの距離を縮めていくという方法もよい。そうして，ついには動画が必要なくなり，直接，担任が質問し，子どもがそれに応えるという流れができあがる。

　ビデオフィードフォワードと呼ばれる動画でのやり取りに似た方法を使う

ともできる。これはセルフモデリング[訳注2]を用いた技法である。コミュニケーションができる相手と子どもが，自分の好きなことについて話したり，簡単な質問に答えたりしている場面を録画する。担任の教師は，子どもが答えている簡単な質問を尋ねている場面を自撮りする。そして，この2つの動画を，子どもと担任があたかも交互に会話しているかのように編集するのである。そして，子どもに，この動画を，1週間のうち，少なくとも2日視聴してもらう。この期間が終わった後で，担任の教師が直接一対一で，動画と同じやりとりをする。いくつかの研究で，この1回の手続きだけで，子どもが担任の教師と話せるようになり，また，その発話が他の人や場面にも般化していったことが報告されている（Blum et al., 1998）。

　教師は，子どもに恐怖や不安を与えない方法で，かかわりをもったり，一緒に遊んだりすることで，あらゆるコミュニケーションレベルにある子どもとのやりとりを促進することができるのである。また，必要であればジェスチャーや筆談，さまざまなテクノロジーを用いながら非言語的方法でコミュニケーションを促進することもできる。"仲良し"のとなりに場面緘黙児の席を配置することもよいだろう。その子どもは，緘黙児とすでに話しができている（もしくは話そうとしている）子どもがふさわしい。その他，学校における環境調整については第7章を参照してほしい。

5．学外の心理相談室での集中的治療の有効性

　近年，学校外の多くの公認心理師・臨床心理士が，場面緘黙児に対する集中的治療の有効性について言及しており，心理相談室における治療に関する出版物が多く出版されている。その最大の理由は，心理相談室が学校の中にないということである。学校は不安が最も喚起される場所である。子どもが不安を克服していくに当たって，不安が喚起される場所で治療を行っていくのは極めて困難である。その点，心理相談室は学校よりも不安が喚起されにくいと考えられるからである。その他の理由として，場面緘黙児とのセッションでは比較的長いウォーミングアップの時間を必要とするということが挙

訳注2）セルフモデリング：子どもが望ましい行動をしている場面だけを撮影し，編集した映像を子ども自身に見せ，望ましい行動の形成を促す技法。

げられる。通常の心理相談室での場面緘黙児とのセッションの時間を45分間だとして，前回行ったコミュニケーションのステップの段階をおさらいするのに15分ほどの時間を要する。すなわち，心理師は，残りのわずかな時間で，新しい取り組みを行っていくことになる。しかし，学校という時間割などの時間的制約のない心理相談室という場においては，一回のセッションの時間を長く確保し，一回で長時間，集中的治療が行うことができる。そうすれば，新しい取り組みにどんどんと挑戦していくことができることだろう。不安を喚起する刺激に対してエクスポージャーが最も脱感作をもたらすという多くの研究知見を踏まえれば，エクスポージャーを実施する上でも，週1回45分のセッションでできることには限界がある。ウォーミングアップなどの節約できる時間は節約し，エクスポージャーに多く取り組めるように1回のセッションを長い時間設定し，集中的に治療していくことはとても効果的である。それが可能となるのが学校外の心理相談室なのである。

　考えてみてほしい。ある子どもが，毎週1回1時間のセッションを5回もつことで，コミュニケーションのはしごを5段登ることができたとする。その代わりに，5回分のセッションを1日5時間にまとめて集中的治療を行うと，5時間で5段，さらにはウォーミングアップの時間が節約できるためもっと高いところに登ることができるかもしれない。そう考えれば，多くの人が，1日で長い時間行う集中的治療の方を選ぶに違いない。臨床実践から得られたエビデンス（Kurtz, 2013）によると，このような集中的治療によって，治療期間が短縮されるだけではなく，練習の時間も必要最低限に抑えられることが分かっている。

　集中的な治療の方法は，以下のようにさまざまである。

・学校外の心理相談室における集中的治療：この方法は，ウォームアップの時間を多く取らずにすみ，発話に向けた治療の進行が比較的速い。1回のセッション時間は，注意力や集中力といった子どもの発達的能力を考慮して決定されるが，一般的なセッションよりも1回の時間を長く設定する。

・学校でキーワーカーもしくは心理師によって行われる集中的治療：この方法も，ウォームアップの時間を多く取らずにすみ，治療の進行も速い。ただし，学校における集中的治療の欠点は，その介入が行われるに当た

って，子どもの時間割などを変更したり，さまざまな配慮をしたりしなくてはならないことである。また同様に，心理師もしくはキーワーカーが数日間かつ長時間継続して介入するためのスケジューリングの難しさという問題もある。

　学校内での集中的治療は，1週間のスパン（20時間程度）で計画するのがよい。介入においては，刺激フェーディングやシェイピングを活用し，緘黙児が話しをすることができるコミュニケーション対象者や場所の数を増やしていくことを目標とする。加えて，集中的治療後も継続して適切な支援や個別の環境調整が行えるように，学校の教職員がある程度の行動療法的介入についての知識をもっておいてもらうことも大切である。

　学校内での集中的治療は，週1回の介入よりも有効であるという見解もある。Experts at Thriving Minds Behavioral Health^{訳注3）}は，学校内における集中的治療によるアプローチのガイドラインを提供している。詳しい情報は，www.selectivemutismtreatment.com を参照してほしい。

・**学校場面に類似した場所における集中的グループ治療（キャンプ療法）:**
　キャンプ療法は，集団生活の模擬練習および，サポートを受けながら自発的な行動を身に着けることを目的とする。実際のキャンプ中のプログラムとして，例えば教師の質問に答えることや口頭での発表，グループ活動のような，子どもたちが学校において不安を喚起させられるような状況を疑似体験できるように計画される。キャンプに参加する子ども達は，"キャンプカウンセラー"（キャンプ中に個別に支援を行うセラピスト）とペアを組んで活動を行う。キャンプを通して，子どもたちは，新学期が始まる前に，自発的な発話のための練習の機会を得ることとなる。キャンプによって，発話量を増やし，新学期が始まって以降も，それが維持されていることを明らかにした研究もある。このような，キャンプ

訳注3）Experts at Thriving Minds Behavioral Health：米国ミシガン州ブライトンに拠点をおく選択性緘黙やその他の不安障害をもつ子どもの治療に特化したクリニック。行動療法や認知行動療法を基盤に，モデリング，刺激フェーディング，コーピングスキル訓練などを通して治療を行っている。相談室のみならず，学校やサマーキャンプなどさまざまな場で，保護者や学校関係者も交えながら包括的な援助を提供している。

による集中的治療は，スケジュールの制限を受けないだけではなく，場面緘黙児をもつ他の家族や子どもたちと直接触れ合える機会ともなる。

米国で開催されている Confident Kids Camp©（www.confidentkidscmp. com）が，発話量を増やすのに効果的であり，キャンプ後の学校場面においても，それが持続するということが，研究によって明らかになっている。特に，場面緘黙の症状を明らかに緩和させ，キャンプ中における発話量だけでなく，働きかけに対する反応を増やすこともでき，不安も減少させることが示されている（Schulzt, 2014）。行動療法的アプローチを基盤とした，その他の治療キャンプでも同様の効果が得られている。

第6章
子どもの対応に困ったときの対処方法

1．子どもが話さないときの対応方法

　これは，場面緘黙児の支援に携わる心理師，保護者，教師その他すべての人々にとって共通した問題である。子どもの言語的反応を引き出しやすくするためのコツをいくつか挙げておこう。

1．慣れ親しんだ人と話す方が，親しくない人と話すよりも簡単である。信頼関係がある相手であればなおさら話しやすい。しかし，話をしようとしている相手が，長い付き合いがあるのに，一度も話したことがない場合には，この原則は当てはまらない。知り合ってから話さない期間が長くなればなるほど，話せない可能性は高くなる。これは，緘黙児自身がその人から「話をしない子」と認識されていると思ってしまっているので，子どもが頑張って話したとしても，そのときにどんな反応をされるかという不安を抱いてしまうからである。この子は話さないという先入観をもたず，緘黙児が話したときに驚きを示さない初対面の相手には発話への不安を感じにくいという子どもは多い。長い付き合いがあるのに一度も話したことがない人とは絶対に話しをしないというわけではないが，発話を引き出すのはかなり困難であると言わざるを得ない。

2．男性よりも女性を相手にした方が話しやすい傾向がある（必ずそうであるとは言い切れないが，一般的にそういえる）。

3．話しを聞いている人が少ない場面だと話しやすい。子どもが固まって応答できなくなったら，周りにいる人の数を見渡してみてほしい。子どもに注目している人数，子どもの言葉に耳を傾けていそうな人数。それが気になって子どもが応答できないでいるときには，場所を移動するか，そこにいる人の数を減らす必要があるだろう。

4．こちらが引き出したい反応のバリエーションを考えてみる。それは開

かれた自由な反応だろうか？　何かしらの感情表現を求めるものだろうか？　個人的な情報だろうか？　子どもに多くの言語表出を必要とするものだろうか？　以上のような質問は緘黙児にとって応答が難しい。なので、このような質問は避けて、閉じられた具体的な質問から始めていくのはどうだろうか。あくまでも目標は、子どもの発話に対する安心感を高めることであって、彼らの知識を試すことではない。選択式の質問に変えるか、質問の仕方を変えるだけで、話すきっかけは簡単に作れるものである。

5．質問の選択肢の中に、本人の思っている"正しい"答えが入っていないということはないだろうか。「お昼ごはんは何がいい？　サンドウィッチ？　ホットドッグ？」と子どもに聞く。このとき、子どもがハンバーガーを食べたいと思っていたら、何の反応も示さないだろう。よって、「お昼ご飯は何がいい？　サンドウィッチ？　ホットドッグ？　それとも他の？」といった具合に他の回答も可能なように選択肢を変更する必要がある。

6．長くて強めのアイコンタクトや注目は、子どもの反応や他者との関わりを抑制してしまう。一般の人（社交不安が全くない人ですら）でも、アイコンタクトを3秒続けるだけで、不快な気持ちになる人もいるのだから、場面緘黙児の場合はなおさらである。したがって、遊んでいるときのアイコンタクトは最小限に留めておき、正面ではなく隣に座って遊ぶ方がよい。子どもとのやりとりにおいて、背中を向けあったり、横並びしたりすることも、発話しやすくするコツの一つである。

7．他者から試されている、評価されていると感じられるようなやりとりは、子どもの不安を高めるだけなので要注意である。

　今示したような、子どもが可能な限り安心できる状況を作ることにこちらが細心の注意を払っていたとしても、それでもなお発話が困難な場合はどうすればよいか。いくつかの方法を紹介したい。

・5秒待ってからもう一度質問する。これは、子どもが反応しないときにいつでも必ず取る方法である。
・質問の仕方を変える。選択式の質問に言い換える、または質問をより簡

単にして答えやすくする。

・ 段階を下げる。コミュニケーションのステップの段階を下げる。例えば，一言の応答を要する質問をして子どもが答えられなかった場合，音や音の組み合わせに戻る。もし音を発せなかったら，口を動かしたり息を吐いたりする段階に戻る。しかし，一度子どもが発話をしたら，非言語的コミュニケーションに戻ることは控える。非言語的コミュニケーションが得られていることは，完全な回避よりもずっと良いことなので大切に扱いたい。

・ 別の場所に移動し，リラックスして，リハーサルする。子どもにとって，今いる状況が心地よく感じられていないと察したら，静かな場所か人の少ない場所に移ればよい。そして，初対面の人と話すのに苦労していると感じられたら，少しの間，他の人がいない場所に移動し，子どもに気持ちを落ち着かせ，質問に答える練習をする。例えば，子どもが担任の教師の質問に答えているときに固まってしまったら，キーワーカーが子どもを部屋の隅に連れて行って落ち着く時間を与え，同じ質問をするのである。そこでキーワーカーに返答できたら，一緒に担任の教師の元に戻り，再び教師が質問する。それでも直接返答できなかったら，教師の前にいるキーワーカーに答えることで，子どもと担任の教師が直接やりとりできるようになるためのステップを作っていくのである。

　一度でも，子どもが教師（または他の大人）と言語的にやりとりができてしまえば，その応答は連鎖的につながっていく。

2．ささやき声で話すことへの対応方法

　長い間，公共の場で話すことをしてこなかった場面緘黙児が，はっきりとした発話へと移り変わる過程で，"移行期の声" を使うことがたびたびみられる。これらには以下のようなさまざまなバリエーションがある。

・ ささやき声
・ "赤ちゃん言葉" または赤ちゃんのような未熟な感じの音声
・ かすかで聞き取れないような音声

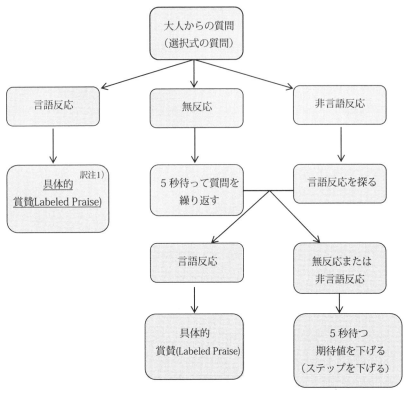

図8 場面緘黙の応答連鎖

・吃音のような発声（例えば，音声の伸びたり，途切れ途切れになる発話）

　これら移行期の声は，自分の本当の声を隠すための防衛手段となっていることが多い。援助者は，できるだけこれらの移行期の声による発話パターンを強化させないようにしなくはならない。特に，ささやき声による応答を強化しないことは重要である。ささやき声は，一度こちらが受け入れられてし

訳注1）具体的賞賛：親子交互交流療法（PCIT）の用語。子どもの特定の行動などに肯定的評価を与え，子どもがもっと褒められるようにその行動を取るようになるために意図的に行う賞賛のこと。それに対して，一般的賞賛（Unlabeled Praise）は，子どもの性質や非特定の行動に対する肯定的評価。必ずしも強化される訳ではないが，自尊心を高める可能性がある。

まうと，持続しやすい特徴をもっているからである。私は，ささやき声を減らすために，介入の最初の段階で彼らにしっかりと「地声」で話すようにお願いすることにしている。例えば，コミュニケーションのステップにおいて，移行期の声を咽頭をちゃんと使った地声による発話へと強化していく。声を出すのに咽頭を使っていなければ，それは本当の声ではない。原則として，地声を出さなければ，現在のステップに留まることをお勧めする。

　子どものささやき声の音量を上げるための有効なテクニックとしては次のようなものがある。例えば，簡単な声かけによる反応（「聞こえなかったので，本当の声でしゃべってくれますか？」）や，ジェスチャーによる反応（耳に手を当てる仕草をする），セッションの目標を，ボリューム調整すること（"デシベル"という iPhone® のアプリを使って，子どもの声のボリュームをデシベル化することで，「目標として 10 個の言葉を 50 デシベルで話そう」といった具合に設定していくなど），大きな声を出す必要がある楽しいゲームをする（iPhone や iPad の "Talking Tom" というアプリは，発話を増やすのに良い）。それが難しければ，コミュニケーションのステップを下げて，うがい，咳払い，笑い声，動物の鳴き真似などの言語によらない有声音を出すことに取り組んだり，声を伴った音を出すことだけにしたりするのもよいだろう。

　また，刺激フェーディングを行うタイミングも，子どもが地声での発話をしてからにした方がよい。子どもがささやき声や吃音のような発声をしている場合は，フェーディングの手続きに入る前に，しっかりと通常の発話ができる段階まで強化しておかなくてはならない。

　ところで，ひょうきんでユーモラスなかかわりは，子どもの不安を軽減し，発話を促進するのに有効である。例えば，Jacqueline Hood 医師は，子どもの大きな声での発話を引き出すのに，Hungry Hungry Hippos™ 訳注2) というゲームを使っている（私信，2014 年 2 月 26 日）。遊ぶ前に，ゲームについて簡単な説明を与えるとよい。「このゲームは，大きな声が出ちゃう楽しい遊びだよ」と。

　まず，子どもは，なんでも良いので聴き取りにくい変な言葉を思い浮かべる。それを書き留めておいてもよい。セラピストの方も，同じように言葉を

訳注2) Hungry Hungry Hippos：このゲームは 4 匹のカバの口をプレイヤーがスイッチで空け，タイミングよく餌のボールを食べ合うゲームである。餌を食べ合う間大きな音が鳴り響く。

考えておく（例えば、「水玉模様の水着を着た空飛ぶペンギン」など）。ここでの目標は、Hungry Hungry Hippos で遊びながら、子どもがそのおかしな言葉をはっきり聞こえる大きな声で言うことである。はじめは、ゲームがスタートすると大きな音が鳴り響く。セラピストは自分が考えたおかしな言葉を大きな音の中で、聴き取りにくい小さな声でささやく。子どもには、セラピストの声が自分にちゃんと聞こえるように、「もっとちゃんと大きな声でお願い！」と言ってもらう。セラピストは少しずつ声を大きくしていく。カバがボールをすべて食べるとゲームは中断し大きな音も止まる。そこで、セラピストが言っていたおかしな言葉を普通の大きさの声で答えてもらう。それが解答できたら、役割を交代し、今度は子どもが鳴り響くゲームの音の中で小さな声でおかしな言葉を言ってもらい、「もっと大きく言って！」とセラピストがお願いして、解答を答えるという形でゲームを続けていく。子どもとセラピストの両方の言葉がお互いに正しく解答できたら、段階的に一緒に遊ぶ人数を増やしていく（Hood, 2014）。

　ただし、ささやき声を受け入れることが、治療を開始するための唯一の方法になる場合もある。セラピストであるあなたが、子どもの発話量を増やすことはできていても、声の大きさを上げられていないと感じていたり、声の大きさを上げることに熱心なあまり、結果として発話量が減ってしまったりしている場合は、ささやき声を受け入れた方がよいだろう。私の研究では、治療でかかわったおよそ 25％の子どもがこのタイプであることが示されている。このような子どもに対して、まず私が設定する目標は、発話量の増大であり、音量の調整はその後で取り組むことにしている。

3．頑なに話すことを拒む子どもへの対応方法

　以上のような介入にも関わらず、やはり頑なに話したがらない子どもがいるのも事実である。だからといって治療を諦める必要はない。変化することへの動機づけは、年齢が高くなるほど、特に青年期になるとかなり低くなるのが一般的である。しかし、幼児期には起こりにくい。私は、絶対に話せっこないと希望を失っている子どもたちや、適切な支援を受けてこなかったことで、どうやって話し始めたらよいか分かっていない子どもたちとたくさん接してきた。その経験からいえることは、最終的にはみんな話せるようにな

るので心配ご無用であるということである。なぜなら，私は（そして今や読者の皆さんも），有効な介入方法を熟知しており，子どもたちを変化へと導くことができるからである。

　話すことになんのメリットを見いだせていない子どもがいることは確かである。このような子ども達は，他者に発話による要求をすることなく，また，発話することに伴うリスク（例えば，人に評価されることや，誤った応答をしてしまうことや誰かに非難されることなど）を意識しなくとも，欲しいものやしたいことができてきてしまった子ども達である。子どもが治療に対して積極的な姿勢を示さないとき，私たちは，子どもに言語的コミュニケーションへの動機づけがあるかどうか，もしくは非言語的コミュニケーションで要求のすべてが満たされてしまっているかどうかをよく考えてみる必要がある。最近私は，母親と全く話しをしない6歳の男の子について，面白いエピソードを耳にした。ある日の朝食の時，その子が突然沈黙を破って，「このトースト焦げてる」と言ったそうだ。母親は呆気にとられながらも，なぜこれまで話さなかったのかと尋ねたところ，彼はしばしの間考え込んだあとでこう言ったそうだ。「うーん，だって今までは大体うまくいってたからね」。変化することの**必要性**があり，その変化が**達成**できそうだと認識したときに初めて，私たちは新しいスキルを学ぼうとしたり，難しい課題に挑戦したりしようとするのだということを示す分かりやすいエピソードである。

　しかし，子どもがはっきりと話したくないことを表明したらどうすべきだろうか？　このような場合には，動機づけ面接法[訳注3]（Rollnick，1995）と呼ばれる心理学的技法が，変化への内発的動機づけを高めるのに有効である。動機づけ面接法とは，変えたい行動があるが，なかなかそれを変えられなかったり，変わることに葛藤を感じていたりするとき，それを明確化し，解消していくための治療的アプローチである。このアプローチは，レベルの高い相互的コミュニケーションが求められるため，その子どもと信頼関係とコミュニケーションが上手にとれる保護者か専門家が行うことが重要である。

　訳注3）動機づけ面接法：1991年にミラーとロルニックによって基本的な考えと臨床的な手続きがまとめられたもので，クライエント中心かつ目的志向的な面接によってクライエントのアンビバレンスを探り，それを解消する方向へ行動の変化を促していく効果的なカウンセリング技法。近年は，さまざまな領域に応用され，多くの症状に対するエビデンスが蓄積されている。

図9　変化へのレディネスものさし

　子どもが変化を望んでいないのなら，変化することは不可能である。したがって，動機づけ面接を行う前に，子どもの変化へのレディネス[訳注4]（準備）と，変化するための自信の程度を確認しておくことが欠かせない。以下に示した1～5段階で評定する視覚的な"変化へのレディネスものさし"（図9）を用いることで，子どもの現在のレディネス段階をアセスメントすることができる。

　学校や家の外で，怖がらずにもっと声を出していることを想像してみてください。まだ声を出す準備ができていないでしょうか？　それとも声が出せそうでしょうか？　それともまだ途中でしょうか？

　変化へのレディネス（準備）は，動機づけ面接の技法である"チェンジトーク"を通して引き出していく。チェンジトークとは動機づけにつながる子どもの発言のことである。具体的にはDesire（変化への願望），Ability（変化の能力），Reason（変化することへの利点），Need（変化することの必要性），Commitment（変化に必要な行動の具体的な計画や考え）に関する発言のことであり，面接のやりとりの中でそれを引き出していく。

Desire
（～ができるようになりたい，～のようになれたらうれしい）
Ability
（～ができそう，～をする能力がある，～できる）

訳注4）レディネス：準備性を意味する心理学用語。学習するときに学習者が，学ぶために必要な条件や環境が心身の準備状態が整っていること。レディネスは学習の前提条件であり，準備性がある学習者は，興味をもって自発的に学習を進めることができ，学習効果も高まる。

Reason

（〜すれば気分が楽になりそう，）

Need

（〜すべき，〜しなければならない）

Commitment

（低水準：〜ができたらと思う，〜を試そうと思う，〜しようと思っている）

（高水準：〜をするつもりだ，〜しようとしている，必ず〜する）

　しかし，話すこともなく，話すレディネス（準備）も整っていない場面緘黙児とどのようにやりとりすればよいのだろうか。発話への動機づけを高めるための"チェンジトーク"をどのように引き出せばよいのだろうか。以下に具体的な方法を紹介する。

1．学校や家の外で，より大きな声で話すことの良い点と悪い点（メリットとデメリット）のリストを作る。

2．展望——将来の希望，どのように物事が変わってほしいか，もし話せるようになったとしたらどんな良いことが起こるか，を子どもに考えさせる。

3．ゴールを見つける——子どもの現状と理想的な姿との違いを認識する。違いを十分に認識することによって，子どもは，行動を変え，理想的な生活に近づいていこうと考えやすくなる。

　このやりとりでは，"はい・いいえ"で答えられる質問よりも，むしろ自身の考えや思いを巡らせられるように開かれた質問である方がよい。開かれた質問は，それらに答えるときの子どもの心理的状態（質問されたときに心地よいかどうか）に左右されるため，すべてのケースに適しているわけではない。先に示唆したように，保護者や専門家が最も動機づけ面接を上手に活用することができるのはそのためである。この対話によって，子どもは，変化したいと思う気持ちと，今のまま変化しないでいたいという気持ちの葛藤状態におかれることになる。これは，自分で自分の気持ちを整理し，自発的な行動を起こすことを促進するのに大変有効である。要するに，「変化すべき」という思考ではなく，自発的に行動を起こすという認識に子どもを導くこと

が狙いなのである（Lynas, 2012）。

以下に，いくつかの具体的な質問を示す。

1．問題行動（例：学校や公共の場で緘黙状態を続けること）の肯定的な側面を尋ねる：
 ・〜の良いところをいくつか教えてください
 ・肯定的な点をまとめる
2．目標としている行動の否定的な側面を尋ねる：
 ・欠点を教えてください
 ・あなたがうれしくないことはなんですか？
 ・否定的な点をまとめる
3．人生の目標や価値観を探る。これらは，メリットとデメリットを検討する上で極めて重要である：
 ・あなたは，どのような人になりたいですか？　大人になったらどんなことをしたいですか？
 ・物事が最高にうまく運ぶとしたら，この1年にどんなことをしたいですか？
 ・"肯定的"な目標とそのアファメーション（肯定的な宣言）を用いる
4．ジレンマや葛藤を再び述べた後に，決断したことを尋ねる：
 ・もしそれが前向きな決断であれば，SMARTな目標を設定する（Specific：具体的で，Meaningful：有意義で，Assessable：評価可能で，Realistic：現実的で，Timed：時間が決まっているもの）
 ・次のステップはどうなりそうでしょうか？
 ・この1〜2日でどんなことができそうですか？
 ・あなたが次のステップに進む見込みは1点〜10点のうちどのくらいですか？（7点以下であれば，目標をより達成しやすいものにする必要がある）
5．決断できない，もしくは今の行動を続けると決断したら：
 ・決断できない場合には，その葛藤に共感を示す
 ・決断するためにどんな手助けが必要か尋ねる
 ・決断せずにできそうな何か方法があるかどうか尋ねる
 ・今の行動を続けるという決断をした場合には，葛藤を探る段階に戻る

＊Rollnick（1995）から引用

　この対話を通して，子ども自身がもっている勇気と強さを認識することが
いかに大切かを知ることができるだろう。特に，子どもが以前に変化するこ
とに失敗している場合はなおさらである。また，子どもの発言を反射するこ
とで，子どもが言おうとしていることを理解しようとしていると伝えること
も重要である。実際，反射によって，保護者はこのまま変化しないことの否
定的な面と，変化することの肯定的な面を子どもに強調して伝えることがで
きる。反射とは，子どもが伝えてきた情報を伝え返すことを指す。以下にあ
らためて反射の例を示す。

> 子どもの発言：「みんなに注目されるから，話すのが怖いよ」
> 反射：「話すことに関心はあるんだけど，話したときに周りに注目されし
> 　まうことを恐れているんだね」
> 子どもの発言：「もし話せたら教師に質問できるから，学校がもっと楽し
> 　くなるかも」
> 反射：「学校で話すことには，分からないことを教師に質問できるから，
> 　それで学校生活が楽になるという良い点があるんだね」

4．変化に抵抗する子どもへの対応方法

　変化することは確かに恐い。たとえ，現在の習慣を維持することによって，
ネガティブな結果がもたらされているとしても，変化しない方が心地よいた
め，変化しないことを選ぶことも多い。変化のプロセスにおいて子ども達が
示す抵抗のバリエーションはさまざまである。抵抗は，言い争いのような形
で現れることもあるし，変化をわざと邪魔するような行動を取る場合もある
し，興味がないような態度を示したり，話をそらしてはぐらかしたりといった
形で現れる。
　動機づけ面接法では，そうした抵抗に直接的に焦点を当てることはしない。
代わりに，子どもが表現している感情を受け入れ，この感情を子どもの葛藤
と結びつけて広げていくのである。例えば，「あなたは学校でもっと話した
いと言ったけれど，同時に，もし話したら，注目されてしまうのではないか

って恐れているようにも感じます。注目されたくないって思っているんですね」と伝える。子どもが変化に乗り気ではないことを理解しているということを明確にするために反射を使うことができる。こうすることで，子どもとの信頼関係の形成を促進できる。子どもだけではなく，人は誰しも，理解され受け入れられていると感じたとき居心地の良さを実感するものである。

5．場面緘黙児に対して「してはいけないこと」

学校関係者や心理師，保護者たちは適切な介入を試みているが，人間である以上，その過程で間違いや失敗をすることは避けられない（筆者も同様である）。これまで本書では，治療者や保護者が場面緘黙児に対して"すべきこと"について多くのアイデアや方法を紹介してきたが，それと同じくらい"すべきでないこと"をしっかりと認識しておくことは重要である。ここに，"すべきでないこと"のリストを示しておこう。

・<u>子どもに多くの逃げ道や回避策を与えること</u>。子どもを急かさないのと同時に，援助の手を与えすぎてはならない。手話を教えたり，役に立つテクノロジーを使ったり，非言語の反応で答えられる質問だけすることは，話す動機づけを減少させてしまう。もしも，子どもが必要としているものや，思っていることを言葉を使わずにすべて大人に伝えられるとしたら，あえて話さなくても何でも済んでしまうことだろう。私たち大人は，発話を促進することよりも先に，必要のない援助の手を減らすことから始めるべきである。大人達は，子どもが，何か欲しいものを得るためには，ちゃんと言葉で伝えるべきだ，などと決めつけるのではなく，"話すことで良い結果が得られる（欲しいものが手に入る）"ということを少しずつ確信していけるようになれるようにじっくりと見守ることが大切である。そうしながら，非言語的コミュニケーションを少なくし，言語的やりとりを増やしていく。
・<u>誤った強化をすること</u>。強化は，現在のコミュニケーションの段階より高いものが達成できたときに行われることが望ましい。非言語応答の段階を受け入れ，褒めるなどの強化はすべきではない。例えば，子どもとクッキーを買いに出かけたとき，今までの練習や計画に反して，子ども

がクッキーを注文できなかったら，大人が代わりに注文してよいだろうか。少し心が痛むが，「あなたがよく頑張ったのは分かりました。また次回頑張りましょうね」などと伝えて店を出る。

・ 心を読むこと。場面緘黙児とかかわりをもつ大人は，子どもが欲しいものを察知するのがうまくなってしまっている。例えば，ある 10 代の場面緘黙児の母親は，娘がお気に入りのレストランで食べたいものを全て知っていて，彼女に何を食べたいかを尋ねることも言わせることもせずに，勝手に娘の食べ物を注文していた。私がワークショップでよく言うジョークであるが，場面緘黙児とかかわるときに私は "しゃべらない病" になる。すなわち，子どもが，口に出して言ってくれなければ，欲しいものをすぐに忘れてしまうし，理解もできなくなってしまう。そして，大きな声で言ってくれないと良く聞き取れなくなってしまうのである。これは，子ども本人に対して，自分の欲求や要求の全権を委ねるということを意味している。

・ 批判的な態度ややる気をそぐような態度を示すこと。場面緘黙児とのかかわりには，もどかしさや落胆といった感情が伴うことが少なくない。しかし，それは仕方のないことである。"お仕置き" でもしてやりたくなるかもしれない。とにかく，話すことを強制することだけは避けなくてはならない。絶対うまくいかないからである。このことだけは強く肝に銘じておくべきだろう。

・ 自分の中にある不安やイライラを子どもに気づかれること。これらの感情は，場面緘黙児と関わっていると，普通に生じてくるものであるが，彼らの支援には何の役にも立たない。だから，自身の胸の内に留めておきたい。不安になったり，イライラしたりすることが，私たちの目標ではない。変化は子ども自身が自分の力で成し遂げていくものであると心理的に距離をおくことも重要である。支援は，子ども自身が目標を達し，変化できるようになるために行っているのである。

・ コミュニケーションのはしごを登る際に，段階を飛ばしてしまうこと。なぜこのことに注意しておかなくてはならないのだろうか。それは，ゆっくりと確実に段階を上っていく方が，効果が出やすいからである。現在の水準に合ったゆっくりで確実な進歩は，子どもに余計な不安を与えない。段階を飛ばしてしまうと，子どもがまだうまく成し遂げられてい

ない段階で留まってしまうかもしれない。はしごを登る確信がもてないのであれば，もっとゆっくりと進んだり，段階を戻ったりしても良いのである。

- 欲張ること。子どもの進歩を目の当たりにすることはとても嬉しいことであるが，そうなると，私たちはついつい先へと急ぎたくなるものである。その結果，子どもに対して，以前に子どもと合意が得られたこと以上の進歩を性急に求めてしまうことが起こってくる。“人間ビンゴ”を1ゲームやると子どもと決めたのであれば，どうプレイしようと，1ゲームで終了すべきである。子どもの側がゲームを続けたいと言ったら，それはそれで良い。しかし，大人の側が前もって合意した時間よりもっと長くプレイしようと提案したとしたら，子どもの目には，その大人が矛盾していて自分を理解してくれない人，信じる価値のない人と映ってしまうに違いない。

- 「誰もあなたの話など聞いてないんだから心配しなくていい」と伝えること。相談室で子どもとセッションを行っているとき，子どもが話しているのを誰かに盗み聞きされているのではないかと心配することがある（例えば，周りを気にしたり，声を小さくしたり，近寄ってきたりする）。私は，相談室にいる他の人はその子の話を聞いておらず，聞こうとしても聞こえないということを分かっているけれども，それを子どもに伝えることはしない。治療の目標は，彼らの声を人が聞くことについての敏感さを減らすことなので，それを伝えたとしても役には立たない。誰にも声を聞かれていないから心配することはないと伝えることは，犬を怖がる子どもに「その犬は噛まないから大丈夫」と伝えることと同じである。このメッセージに暗示されていることはどんなことだろうか？　その犬は噛まないかもしれないが，他の犬は噛むかもしれないということである。

- 勇気をもった発話を十分に練習しなければ，自信をもって話せるようにはならないということを忘れてしまうこと。進歩を維持し促進していくためには，頻繁に繰り返し練習しなければならない。たった一回の練習で，難しい文字を読めるようになるようなことを期待する方がおかしいのである。練習は，継続的に一貫性をもってなされなくてはならない。

- 高すぎる目標設定をすること。大人は，ついつい変化や結果を早急に求

めがちであるが，子どものスピードと水準に合わせてかかわることが重
要なのはいうまでもない。援助者としてそれが難しそうだと不安を感じ
るのであれば，あなた自身を支えてくれる人が必要だろう。それは，そ
ばにいてくれて，励ましてくれ，「急いで何とかしろ」とうるさく言って
こない人である（これは，そっくりそのまま，私たちが場面緘黙児に変
化を求めるときと一緒である）。私達がゆとりをもつのにも時間と練習が
必要なのである。

- 開かれた質問をすること。開かれた質問に場面緘黙児が答えるのは難し
  い。そんな時は選択式の質問に言い換えるようにする。
- 子どもを質問攻めにすること。ときとして，保護者は，自分がナイーブ
  な気持ちになったり，困ったり，不安になると，子どもに対して矢継ぎ
  早な質問をしがちである。質問をしたら，子どもが返答するまで待って
  （最低5秒），答えなかったら再び同じ質問をするか，少し言い換えて質
  問し直してみるとよい。
- 丁寧語を使わせることにこだわること。多くの保護者が子どもに言わせ
  たいのに言わせられない言葉がある。それが，「ごめんなさい」「ありが
  とうございます」「お願いします」「すみません」といった丁寧語である。
  どうしてなのかというこの答えはまだ見出されていないが，子どもがこ
  れらの言葉を話すことを回避する学習をしている可能性が高い。保護者
  は，それが苦手でできないことを知っているのに，子どもに「お願いし
  ます」や「ありがとうございます」を公共の場で言うように繰り返す。
  しかし，それが結果的にこれらのフレーズを言わなくさせてしまってい
  るのである。治療の初期において，私は保護者に対して，待合室で挨拶
  させたり，面接後にさようならを言わせたり，おもちゃをもらった後に
  ありがとうと言わせたりしないようにお願いしている。これらのフレー
  ズは治療の後半で練習することであり，それまでに丁寧語を使うよう仕
  向けても失敗するだけである。
- 友達や家族と話すときに正式な名称を言わせること。場面緘黙児につい
  て興味深いのは，物の名前をよく知っているにもかかわらず，それの正
  式名称を言いたがらない傾向があるということである。これはこの後の
  介入で焦点を当てていくので，ここでは一旦脇に置いておこう。
- アイコンタクトを取りすぎること。前述のように，これは不安を増大さ

せるだけである。通常，あなたや他人の視線が自然に流れている方が子どもは落ち着きを感じやすい。

・ 援助者自身の不安を持ち込むこと。子ども自身が進歩変できないことに戸惑い，苦しむことは決して悪いことではない。それをみて，援助者が可哀そうだと思ったり，不安になってしまったりすることは仕方のないことである。ただし，前述のように，簡単なことに留まり，次のステップに進もうとしなければ子どもの成長は望めない。あなたの不安は自分自身の内に留めておく努力をすべきである。

6．周囲の人々の正しい理解と協力を得る方法

・ 冬休みの時期になり，ナンシーおばさんが家族のクリスマスパーティーに参加することになった。彼女は，アイザックの発話を助けるどころか，その言動によってアイザックの不安を増長させてしまった。彼女は，アイザックのところへ駆け寄り，大勢の家族の前で矢継ぎ早に質問をした上，家族に対してもなぜアイザックはパーティーで話さないのかと尋ねたのである。このやりとりが毎年のように繰り広げられている。

・ ベンは，三世代家族や親戚も一緒に暮らす大家族の子どもである。家族たちは皆，ベンの保護者に対して，成長すればそのうち話すようになるだろうし，他に全く問題がないのだからそっとしておけば良いという。家族たちは，彼に関心を示さないか，最低限 Yes ／ No で答えられる質問をする程度で，彼が話さないことを気にせずに生活している。

・ サッカーチームのコーチは，ベイリーの保護者に対して，彼女が話しをしないのであれば，チームには参加させないと警告する。そのコーチは厳しいことを言っておけば何らかの成果が出ると思い込んでいるのである。

これらのエピソードは，あなたのお子さんや，あなたがかかわりをもっている子どもに起きていることときっと似ているだろう。そうならないためも，最初の段階で，周りの人たちに場面緘黙について知ってもらうことが重要で

ある。無知は不適切なかかわりの原因となる。緘黙という症状は，子どもが好き好んで選んだ態度でもなければ，生まれつきの反抗的性格によるものでもない。だからこそ，受容的で養育的な環境が重要なのである。周囲の大人に対しては，子どもに過剰に質問したり話しかけたりすることをやめて，子どもが慣れるまでのウォーミングアップの時間をもつようにお願いする。そして，一緒に遊び，笑いかけ，楽しい時間を過ごせるよう後押ししていく。場面緘黙に関する本を買って，教師や祖父母，サッカーのコーチに貸して読んでもらったり，身近な家族や友人には，（知識をしっかりもった保護者や心理師の助けを得ながら）発話を増やすためのコミュニケーションのはしごや刺激フェーディングを使った一対一のやり取りをしてもらうのも良いだろう。付録資料（<u>資料13</u>）に，子どもと生活の中でかかわりをもつ大人に宛てた資料の例をあげておいた。それに加えて，あなたのお子さんのもっている強みやかかわりをもつための良い方法などについてのちょっとした手紙を書いてみるのもよいだろう。以下がその例である：

ご友人とそのご家族の皆様へ

　すでにご存知とは思いますが，＿＿＿は自分から話しをすることが難しく，時々ですが，言われたことに応じることができないこともあります。＿＿＿は，場面緘黙という不安障害をもっています。家で家族とは楽に話すことができますが，家以外の場面（特に学校や公共の場所）では話すことができません。これは，人見知りや頑固な性格，人に対する反抗などによるものではなく，自分の声を他の人に聞かれることに対する，不安や恐怖からきているものです。家にいる時や気楽に過ごしている時の＿＿＿は，明るく，愛嬌もあります。

　　私は＿＿＿の保護者として，＿＿＿があなたに関わってもらっていることを大変うれしく思っています。そして，これからも手助けしてもらえると，大変ありがたいと思っています。

・　＿＿＿に対して温かく接してあげてください。まだあなたと話すことができないけれど，心の中では話しがしたいと思っていることを知っ

ておいてください。

- 顔を合わせるときには，慣れるまでウォーミングアップの時間をあげてください。慣れるのに時間がかかるかもしれませんが，何も言わないでそっとしておいてもらえると助かります。遊ぶのは平気なのでたくさん遊んでください。
- 時間があるときは，一対一で遊んだり関わったりしてもらえると関係が築きやすいです。そうすると，お話しがしやすくなります。
- ウォーミングアップの時間が終わったら，彼（彼女）に質問してみてください。勇気をふりしぼって答えるのに 5 秒くらいかかるので，そっと待ってあげてください。答えるまでに間が空きますが，無視しているわけでも反発しているわけでもなく，ゆっくり自信を高めているのだと理解してあげてください。
- もし質問に答えられなかったら，質問を言い換えてみてください。例えば，開かれた質問（「何が食べたい？」）を，選択式の質問（「リンゴかオレンジどっちを食べたい？」）や，はい／いいえで答えられる質問（「リンゴ食べる？」）に言い換えて質問し直してみてください。
- 話しができたとしても，大きく反応せずどうかそっとしておいてあげてください。
- もので釣って話させようしないでください。あまり効果はありませんし，変にプレッシャーをかけてしまうことにもなります。

　　　＿＿＿が受けている診断について理解するのはなかなか難しいかもしれませんが，以下のことを心に留めていただけるだけで本当に助けになります。

- このような状態になったのは，子育てによるものではないことを理解してください。私たちはできる限りのことをしています。この状態は，しつけをしたり厳しく言って聞かせたりすることで治るものではありません。
- 一般的に，成長すれば自然と治るものではないことを理解してください。だからこそ，場面緘黙の専門家による治療が必要なのです。

・親切なお声がけと手助けをお願いします。

　　　　　　は今，どうやったらより勇気をもって強くなれるかをセラピーで学び，一生懸命がんばっているところです。

　場面緘黙についてご関心をおもちになられましたら，www.selectivemutism.orgをご覧ください。日ごろのお気遣いに感謝申し上げます。

敬具

　クラスメイトに対しても，場面緘黙に関する知識を与えたり，そうした子どもへの手の差し伸べ方を教えてあげたりすることは大切である。その際，場面緘黙児をクラスから取り出して行うことはお勧めしない。なぜなら，緘黙児がクラスに戻ったとき，誰かがその話し合いについて本人に伝えてしまい，恥ずかしい思いをすることが容易に想像できるからである。クラスメイトが，緘黙児に対してなぜ話さないのか聞いてきたり，緘黙児の代弁をしたりしたときには，その子どもを引き離し，「ジャスティンは家では話すし，準備ができたらここでも話します。それまでは一緒に遊んで，親切にしてくれると先生は嬉しいな。だけど，代わりに答えたり，なんでしゃべらないのか聞いたりしないであげてくださいね」と説明すると効果的である。もし緘黙児本人が望むなら，その診断についてやいかにその症状が辛いものであるか，そしてクラスメイトにお願いしたいことを書いた手紙を作成するように勧めるのもよい。以下に手紙の内容の例を示す。

クラスメイトのみんなへ

　私の名前はケーシーです。動物が好きで，スキーと読書と猫（名前はジンジャー）と遊ぶことが好きです。今は特に，自転車に乗るのが大好きです。

　話すことも大好きだし，もっともっと友だちを作りたいと思っています。でも，学校にいるときや誕生パーティーや，初めての人に会うときはとても緊張して話せなくなります。話せないときは，言葉が喉で詰まったような感じがします。こうなるのは，みんなのことが嫌いだからではありません。私には場面緘黙という不安障害があって，そのせいでみ

んなと話すのが難しいときがあるのです。みんなに知っておいてもらいたいこと，助けてもらいことを書いておきます。

・初めて会うときに，いきなり話しをさせようとしないでください。そうするともっと緊張してしまいます。
・どうぞ私に挨拶をしてください。けれど，それに答えるのに時間がかかることがあるかもしれません。もしすぐに答えなかったら少し時間をください。「こんにちは」と言わないで手を振るだけになってしまっても，私のことを失礼だと思わないでください。そのときは，とても緊張していて言葉が詰まっているときです。
・私の家に遊びに来てくれたら，一緒にバービー人形で遊んだり，お父さんの iPad でゲームをしたりしたいです。一緒に遊べば，みんなのことをもっとよく知れるし，安心できます。そうなれば，質問に指差しで答えたり，頷いて答えたりできるかもしれません。
・みんなと同じように，私も冗談が好きです。
・どうぞ私に質問してください。けれど，長い説明が必要な質問よりも，選択式の質問だったり，はい／いいえで答えられる質問だったりする方が答えやすいです。また，答えるまでに時間をください。もしかしたらもう一回質問し直してもらうかもしれません。そうしてもらっても全然構わないし，その方が助かります。私は，指差したりうなずいたり書いたりすることで答えられるかもしれません。それでだんだん安心してきたら，目の前にいる誰かに伝えるか，直接答えられると思います。

　丁寧に読んでくれてありがとうございます。私は，もっと勇気を出したいと努力していますが，時間がかかるので，みんなの助けを必要としています。最初のうちは，声を出せないかもしれませんが答えるように努力します。なので，うなずいたり指差したりメモを書くことがあると思います。どうぞよろしくお願いします。

ケーシー

7．症状のぶり返しへの対応方法

　症状の小さなぶり返しは日常的に起こる。前述の通り，場面緘黙児は一般的にウォーミングアップに長い時間を要する。したがって，以前に言葉でやり取りできていた子どもでも，次のセッションで発話を再開するのに数分位かかることもよくある。したがって，日々の学校生活でも，毎朝，発話の短いウォーミングアップをしておくとよいだろう。

　練習や会話場面に直面しない時間が長く続くと，より大きな症状のぶり返しを生む恐れがある。夏休みは，ぶり返しが見られやすい時期である。なぜなら，夏休み中は，誰かに何かを要求をする必要がほとんどなく，数カ月，学校で人前に出ることがほとんどないので，ブレイブワークがほとんどできない状態が続いてしまうからである。同様に，親戚やクラスメイトと長い間会わないでいることもぶり返しを引き起こしやすい一因である。例えば，祖父母に年1回しか会わないでいると，祖父母と関わるときに緘黙の状態がぶり返す可能性が高い。

　治療的介入は，こうしたぶり返しをなくすのに役立つ。夏休み中に行えるブレイブワークはいくつかある。定期的に祖父母と Skype をする，担任やキーワーカーに家を訪ねてもらう，サマーキャンプに参加して学校の準備をするなどである。生活上の大きな変化や動揺させるような出来事は，深刻かつ長期間のぶり返しをもたらしやすい。思春期的な心理的変化，転校や進学（教員数が多く，要求が高い中学校への進学など），社会的に恥ずかしい思いをすることなどがその出来事に相当する。もしそうしたことが起こったら，行動療法的治療を再度受けることを検討する必要があるだろう。

第7章

学校における介入

－特別支援教育としての場面緘黙児支援－

　場面緘黙児は，不安の問題や発話ができないことによって，学業面で多くの制約を受けることになる。具体的にいえば，はっきりと質問をしたり，口頭で発表を行ったり，グループ活動に参加したり，トイレに行きたいと言ったり，友だち関係を上手にもったり，怪我をしたときに助けを求めたり，といったことができずにいる。こうした制約は，Section 504 Plan[訳注1]や個別指導計画（Individualized Education Program：IEP）といった特別な教育計画の必要性を示している。

　Section 504 Plan とは，特に学校教育場面で実施されることを念頭においた，児童生徒の適応と行動変容を促すための教育計画のことであり，障害者の人権を謳った公民権法によって義務づけられている。これは，クラスに在籍する児童生徒全体に対して教育的配慮を提供することを意図しているものであり，個人に対して直接的な個別的支援を行うことを意図したものではない。そのため，場面緘黙の児童生徒がキーワーカーによる一対一の個別的支援を受けることは含まれてはいない。Section 504 Plan は，専門的な治療的介入を行うというよりも，口頭発表などの場面で問題を抱えているため，合理的配慮が求められるさまざまな児童生徒に対して適用されるものであり，これに該当するのは，場面緘黙児の中でも問題が比較的軽度な児童生徒に限られる。

　これに対して，個別指導計画（Individual Education Plan：IEP）は，児童生徒の特別な教育的ニーズに合わせてデザインされる学校場面での専門的教育プログラムであり，障害者教育法（Individual with Disabilities Education Act）により義務づけられている。児童生徒のもつ障害が国の基準に合致すると認定された場合，その児童生徒は国の規定によって IEP の作成を受けるこ

　訳注1）Section 504 Plan：米国で 1973 年に施行されたリハビリテーション法（Rehabilitation Act）504 条のこと。連邦政府の資金を受けるプログラム等（公立学校含む）について，障害者の差別を禁止する内容。米国では，障害をもった児童生徒に対して個別のニーズに応じた教育を行う計画を 504 Plan と呼称する。

とができ，教室内における合理的配慮や介入，および学校内での援助者も決定される。この IEP は，教室内での合理的配慮（例：口頭での発表を行うための代替方法として，コミュニケーションが可能なクラスメイトの隣に座らせるといった特別な配慮など）だけではなく，本書で示しているような直接的な個別支援（例：学校でキーワーカーと一対一でブレイブワークを行うなど）を受けることができるようになるための公的な認定書ともいえるのである。

　場面緘黙をもつほとんどの子どもの支援は，援助者との一対一でのブレイブワークを行う必要があるため，どうしても IEP が必要となる。IEP 作成のためには，障害の診断だけでなく，その障害が子どもの学力に悪影響を及ぼしているという根拠がなくてはならない。このことが，場面緘黙児の在籍する学校を困らせてしまう。場面緘黙児は，発話はないけれども，賢くて，能力は高く，学業面でもなんとかやりくりできていることが多いからである。

　学業面での明確な否定的影響がない限り，場面緘黙児に対して特別な指導計画を立てて介入していくことに消極的な学校があるのも事実である。もし学校が，公的な個別支援計画がなくとも，自ら率先して，場面緘黙の子どもに介入しようという意思が示されるようになれば，これは素晴らしい第一歩となる。保護者と学校にいる専門家によって子どもへの介入がなされることで，子どもから継続的な応答が得られ，その介入が目標を達するために適切なものであり，確かな結果が伴うのであれば，公的な計画など必要ないだろう。

　しかしながら，もし学校が一対一形式での一貫した介入を行うことに積極的でない，もしくはそうすることができないとすると，支援を法的に確かなものにするためにはやはり，特別な指導計画が必要となってくる。特別な教育的支援を求めるための第一歩は，学校に対して意見書を書くことである。意見書の見本は付録資料（資料 14）に示してあるので参照して欲しい。そのためにも，保護者は，場面緘黙特有の困り感，とりわけ子どもが緘黙によってどのような学業的影響を受けているかを明確にしておく必要がある。場面緘黙による悪影響としてよく見られるのは以下のようなものである。

・共同作業やグループ活動に参加することが難しい，もしくはできない。
・口頭での発表が難しい，もしくはできない。

- 教師にはっきりと質問したり，助けを求めたりすることができない。
- 学習到達度の評価が難しい，もしくはできない。評価を受けたとしても，その評価が正確なものではない可能性がある。
- 社会的学習の機会を得ることが難しい，もしくはできない。
- 協力して問題解決する方法を学習したり練習したりすることが難しい，もしくはできない。
- 教育上，健康上，安全面の理由から助けが必要になっても，他人に助けを求めることが難しい，もしくはできない。
- クラスメイトに教えて覚えるという教育活動に参加できないため，概念を反復的に習得していくことができない。
- 日常場面における不適切な言動や感情表現。

　教育機関の主たる役割は，卒業後の高等教育への進学，もしくは就職のための準備を子どもに促すことである。話すことができない子どもがスムーズに進学や就職の準備をしていくことができるだろうか？
　学校は，意見書が提出された時点で，その子どもが特別支援教育の基準に合致しているか検討を始めることになる。この検討にあたっては，介入方法や子どもの反応の有無，第3章で挙げた評価方法から構成されるアセスメント結果など文書化された所見を含む，多くの要件を満たす必要がある。これらの情報を総合して，その子どもが特別支援教育を受ける資格があるかどうか判定される。また，IEP を取得するためには，支援を受けるための特定の基準に合致していなければならない。以下に挙げたものが，場面緘黙児が支援を得る際に，最も一般的な基準である。

　<u>発話／言語障害あるいはコミュニケーション障害</u>：これらは，子どもの学習に悪影響を及ぼすコミュニケーション上の障害を指す。言語の障害は，「言葉の意味（意味論），言葉の構成（語形論），文章の構成（統語論），会話の規則（語用論）などといった，言語の理解と生成の困難に特徴づけられるものである」（Head Start, 2006）。場面緘黙児は，（意味論，構音，流暢性などを含む）発話に主たる障害をもつが，社会的場面で発話を効果的に活用する能力にも弱点をもっている。
　<u>他の健康障害</u>：これは，体力や注意力もしくは周辺の環境への警戒感の高

まりなどによって，教育環境への適応が制限される慢性または急性の健康状態を呈している子どもを指す。他の障害の基準と同様に，この問題が学業成績を損なうものでなければならない（Grice, 2002）。

　情緒障害：子どもの教育において，以下のうち1つ以上が当てはまる子どもを指す。

- 学習ができない状態が，知的，認知的，健康的要因からでは説明がつかないこと
- クラスメイトや教師と良好な対人関係を築き，維持することができない状態であること
- 日常場面で，ふさわしくない振る舞いや感情表現がみられること
- 悲哀や抑うつ感が常態化していること
- 個人的または学校生活上の問題によって，身体症状や恐怖を呈する傾向があること

　それぞれ必要条件は異なるものの，いずれも子どもへの支援の扉を開くものとなる。その扉が一度開かれれば，どの基準に当てはまったかではなく，個々の子どものニーズに基づいてそれぞれに合った支援方法や介入が決定される。多くの臨床家が，発話／言語障害と他の健康障害が最もよく当てはまる基準だと感じているが，重要な点は，場面緘黙児の問題をどのようにラベルづけしていくかではなく，その子どもが必要としている支援を受けられるようにすることである。IEP作成のプロセスに関する情報（IEP作成のための会議や検討会から期待されることや，子どもにとって効果的な代弁者になる方法など）は，Wrights Law（www.wrightslow.com）から詳しく得ることができる。このウェブサイトは，場面緘黙に特化したものではないが，特別支援教育を進めていく過程で，その対応方針を決定する上で，保護者たちにとってとても役立つことだろう。

　多くの学校が場面緘黙の実態を把握しておらず，その原因や否定的な影響があることを理解していないということにも触れておかなくてはならない。保護者や教師，管理職は，場面緘黙児の特別支援教育を進めていく過程で，書籍や研究論文を読んだり，場面緘黙に知見の深い心理師を招いて講演や研修会を行ったりしながら，場面緘黙のことをより詳しく知ろうとするようになるだろう。正確な知識がなければ，学校での介入は効果的なものにはなら

ず，特別支援教育の目標も適切なものにならないからである。

　子どもに IEP もしくは Section 504 Plan（もしくは非公式の介入計画）が適当であると認定されれば，介入と環境調整に関する計画が明文化される必要がある。想定される介入と環境調整の手続きとガイドラインを付録資料（<u>資料 15</u>）に挙げておいたので参照してほしい。このリストの中でも，特に以下のことが重要である。

- <u>配慮や介入において，最も重要なことは学校場面における脱感作である。</u>他の配慮や介入方法が子どもを落ち着かせるのに有益と考えられたとしても，刺激フェーディングや"コミュニケーションのはしご"を用いた段階を設定した脱感作が，コミュニケーションを始めたり，コミュニケーションを学校場面全体へと般化させたりする上で最も重要な手段であることを認識しておくべきである。場面緘黙児への支援計画は，常に，居心地の良さやクラスメイトとの相互交流の機会，自信を増やすための配慮だけではなく，コミュニケーション量の増加を援助する介入とのバランスから成り立っているのである。

- <u>脱感作による介入は頻繁に変わらずに続けること：少なくとも 15 分間を週 3 回</u>。集中的な介入のメリットとその影響については第 5 章にすでに述べているが，より頻回で長時間の練習が何より有効である。

- <u>介入は，教室からの取り出しキーワーカーと一対一で会うことから始め，次にキーワーカーが教室に入り，クラスメイトや担任の教師との会話や学級活動への参加などの般化を促す</u>。この介入の最終目標は，子どもとキーワーカーが話せるようになることではない。子どもが教室や学校環境の中で勇気をもって話すことを般化させることである。

- <u>場面緘黙児にとって，年度の始まりは非常に重要な時期である。この時期に，担任の教師やクラスメイトとの関係性の基盤をつくることで，その年度にコミュニケーションがとれるかどうかの予測が立てられる</u>。新年度が始まるのに先立って，事前に子どもと担任の教師が会っておくことを強くお勧めしたい。始業式の日は慌ただしく，担任の教師と安定した関係を築くのにふさわしい機会ではない。始業式の前に，担任の教師と子どもが一対一（あるいは保護者と一緒に）で会うことをお勧めする。教室の中（新年度が始まる前の数日間，子どもに教室準備の「お手伝

い係」として教室に来てもらうというのも良い）だけでなく，学校の外
（子どもの家，公園，動物園など）のくつろげる場面で担任の教師と面会
できるとなお良いだろう。発話の般化に最も良い機会は，"自然な状態"
で，実際の場面や状況で練習が行われるときである。そのため，たとえ
学期が始まった後だとしても，時々授業の前後に，学校の中で保護者と
子どもが会話をする機会を設けることも望ましい。この時間をもつこと
によって，場面緘黙児は，家庭でいるような何気ないくつろいだ会話と
学校での会話を同じもののように体験することができる。もし子どもの
不安が高ければ，学校の近くで保護者と話しをするだけでもよい練習に
なる。子どもの変化を促し，新しい環境や担任の教師に馴染む準備をす
るための方法として，教室や担任の写真を載せた冊子などを作成し，家
で見られるようにするという方法もある。

・ 保護者や担任の教師にとって一番楽な方法は，学期が始まる前に担任の
教師と電話で話しをすることである。子どもが興味を持ちそうなことや，
子どもの日常生活に関すること，性格についてなど，3～5つくらいの質
問をスクリプト（台本）として用意しておく（例えば，「どんな動物を飼
っていますか？」「この前の休みの日はどこにお出かけしましたか？」）。
「はい」か「いいえ」で答えられる質問ではなく，短い反応のみを要す
るような選択式の質問が望ましい。そして，保護者は，子どもにそれを
質問し，その返答を録音しておく。次に，担任の教師が子どもに電話を
かけ，スクリプト通りに質問する。もし可能であれば，子どもは担任の
教師の写真を見ながらそれぞれの質問に対して録音しておいた返答を再
生していく。その通話の間に，同じ質問を再び繰り返し，今度は子ども
に，その録音音声に合わせて声に出して返答してもらう。最終的には，
同じ質問に対して録音音声なしで返答してもらうようにする。この流れ
を数日から数週間繰り返すことで，子どもが実際に担任の教師に会った
とき，これらの質問が二人にとってのアイスブレイク^{訳注2）}となり，さら

訳注2）アイスブレイク：アイスブレイキングともよばれる。初対面の人同士や慣れな
い人間関係において，緊張をときほぐし，コミュニケーションを促進するために行う
自己紹介やワーク，ゲームのこと。いくつかのワークやゲームを行うプログラムを指
すこともある。

なる会話へと繋げていくことができる。

　効果的な治療的介入がなされることで，ほとんどの子どもは，教室のクラスメイトたちと何ら変わりがなくなり，治療的介入は必要なくなっていく。介入が必要なくなったかどうかについては，教室での行動観察，保護者や担任の教師との面接，SMQ（Selective Mutism Questionnaire）の再実施，子どもの能力についての質的な評価によって判断される。直接的な支援を終結して良いか判断するときには，子どもの応答する能力と，自分から発話していく能力の**両方**を考慮することが重要である。子どもが普通にいつも応答できるようになると，すぐに支援は必要ないと判断しがちである。しかし，子どもが自ら質問をしたり，意思表示ができるようになったり，言語的にも非言語的にも自発的に行動できるようになっていることが見極められなければ，支援をやめる判断は慎重に行わなくてはならない。
　キーワーカーがいなくとも，子どもが担任の教師と勇気をもって話すことができるようになったら，あるいはキーワーカーがいる場面で，子どもがあらゆる状況でほぼ全ての人に対し，常に自発的に話しかけたり返事したりできるようになったら，キーワーカーは子どもと会う頻度を徐々に減らしていく。個別支援計画を終結する判断は，子どもが口頭発表やグループ活動への参加ができるか，クラスメイトや大人に対して自発的にかかわることができるかについて検討し，引き続き特別な配慮が必要かどうかについて判断する。学校側は，個別支援計画の終結が早すぎないように十分慎重にならなければならない。中学校や高等学校では，学習面や生活面において言語的な関わりが著しく増えるため，進級や進学する際，引き続いて特別な配慮を継続していくことが必要なこともある。
　臨床場面においても，目標に到達したときに，セッション回数を減らすか，もしくは終結を検討する。学校場面では，子どもの発話と自信の両方において明らかな改善が見られ，保護者や担任の教師が，子どもと脱感作を行っていくことに何の違和感がなくなったとき，介入は終結を迎えることとなる。

第8章

子どもの自信を育むためのさまざまなアプローチ

これまでの章では，主に発話を増やすための方法について説明してきた。場面緘黙児支援において，発話を増やすことは間違いなく最も重要な目標ではあるが，それはパズルの1ピースにすぎない。大切なことは，場面緘黙児の全体像を捉えることである。したがって，最後となる本章では，場面緘黙というパズルを完成させるための残りのピースについて述べていくことにする。

本書では，場面緘黙にみられる特有な行動上の問題に対応するための方法論として，主に行動療法の技法を中心に紹介してきた。一般的に7歳以下の子どもには「認知行動療法」は適用されない。なぜなら，認知的介入は自身の内面的な捉え方や認識を自覚する必要があるからであり，この能力は通常6歳から9歳までは発達しないと考えられているからである。認知的介入は，ある程度理解力がある小学校中学年以上が対象であり，治療の流れの中で活用できそうな認知的技法があれば，その時々で適宜用いるのがよいだろう。

1．ネガティブ思考を減らす方法

認知的介入では，不適応的な行動へと導くネガティブな思考パターンや非合理的思考パターンに焦点を当てる。ヘンリー・フォード（Henry Ford）[訳注1]は，「できると思えばできるし，できないと思えばできない」と言ったが，まさにその通りなのである。テストでうまくいかないと信じ込んでいる子どもは，その信念によって勉強に取り組まなくなり，結果として悪い成績をとるようになる。こうした不適応的なシナリオは，自身の能力やテスト結果へのネガティブな思考から始まるのである。同じように，場面緘黙児は話した

訳注1）ヘンリー・フォード（Henry Ford）：1863年7月30日生，1947年4月7日没。米国出身の企業家。自動車会社フォード・モーターの創設者であり，工業製品の製造におけるライン生産方式による大量生産技術に貢献した。中流の人々が購入できる初の自動車を開発し生産した。

り，人付き合いをしたり，教室や公共の場で言語的交流をすることにネガティブな思考パターンをもっている。場面緘黙児がもつネガティブな思考や不適応的な思考には以下のようなものがある。

- 「話すことが何もない」
- 「きっと上手に話すことができないだろう」
- 「もし話したら，きっと皆が大げさに反応するに違いない」
- 「もし答えを間違えたら，笑われることだろう」
- 「前に話そうとしてみたが，そのときは言葉が出てこなかったから，今だって同じことが起こるに違いない」

こうした思考は決して間違ってはいない。だから，その思考について子どもと話し合うことは無意味である。それよりも，これから遭遇するかもしれない出来事についてのスクリプト（台本）を描いて，ロールプレイを行い，自分自身が抱いている恐れが現実となったときに備えて対処法を獲得しておく方がずっと有益である。

　まずは，発話することへの恐れに伴う思考や認知を特定することから始めてみよう。この段階を踏まずに，認知的介入を行うことは難しい。ネガティブな思考を特定するためには，「何のせいで話せなくなるの？」，「話せないでいるときに心の中でどんなことを考えていたり，どんなことを自分に言い聞かせたりしているの？」といった質問を子どもに投げかけてみる。子どもたちは，自分の体験を保護者には何度も話しているため，彼らのどのような思考が発話の妨げになっているのかは，保護者が良く知っている。したがって，子どもの考えていることは，保護者に聞くのが一番早いだろう。

　子どもがうまく応答できないことや，間違った答えを言ってしまうのではないかと恐れているようであれば，そのような恐れを軽減するために質問の仕方を変えていけばよい。例えば，教師なら，子どもに明らかに正解の選択肢がある（片方の選択肢は明らかに間違っていると分かるような）選択式の質問をしてみる。あるいは，以下のようなシェイピングを用いて，教室で反応できるようになるために練習する手助けをするのもよいだろう。

1. 手を挙げても絶対に指さないことを約束した上で，正しい答えが分か

ったときに手を挙げるという練習をする。

2．特定の授業で指すことを事前に予告し，どのような質問をするかもあらかじめ伝えておいて（正解も把握した上で），手を挙げ，指されたら答えるという練習をしておく。

3．最終的に，事前の予告をなくし，手を挙げたときにだけ指す。手を挙げていないときに突然指すということはしない。

子どもが話したとき，教師やクラスメイトに過剰に反応されることを恐れているようならば，教師やクラスメイトに「おおげさに反応しないで欲しい」旨を手紙や連絡帳で伝えておくと良い。緘黙児が話したときに，クラスメイトや教師が，冷静に落ち着いて振る舞うようにお願いしておくことはとても重要である。子どもが話したことを周囲が指摘したり，もう一度話すように求めたりすることも，彼らの不安を高めてしまうので注意が必要である。

認知的再構成法[訳注2] を行い，不適応的思考パターンを修正するためには，ネガティブ思考を特定した上で，それらを取り扱い，より適切でバランスの取れた思考へと置き換えていくことが求められる。例えば，過去に話すことができなかったから，きっとこれからも話すことができないだろうと子どもが思い込んでいるようなら，治療者はその思考が本当に成立するかどうかを確かめる作業を子どもと行っていく。認知的介入に使える優れたワークブックとしては，Philip C. Kendall と Kristina A. Hedtke の *Coping Cat*（www. copingcat.net）（P. C. ケンドールら著，市井雅哉監訳，『コーピングキャット・ワークブック＆ノート』，岩崎学術出版社），若者と子どもに向けた Paul Stallard の *Think Good, Feel Good*（P. スタラード著，下山晴彦監訳，『子どもと若者のための認知行動療法ワークブック』，金剛出版），思春期に向けた Jennifer Shannon の *Shyness and Social Anxiety Workbook for Teens*（J. シャノン著，小原圭司訳，『10 代のための人見知りと社交不安のワークブック』，星和書店）などが挙げられる。

訳注2）認知的再構成法：精神的に動揺したときなどに自然に浮かんでくる自動思考（automatic thought）と呼ばれる考えやイメージに注目し，現実と対比しながら，その歪みを明かにして，うつや不安などの気分を軽減したり，非適応的な行動を修正したりする，認知行動療法の基本的な技法のひとつ。

2．自信を高める方法

　最近あなたが心から自信を感じたときのことを考えてみてほしい。何をしているときだろうか。そのとき何が起きていただろうか。私たちは，他者が自分を受け入れてくれ，正当に評価してくれていると感じるとともに，自分はうまくいっている，自分には価値がある，自分には才能がある，と感じられたときに自信を感じるのではないだろうか。場面緘黙児の自信を高めるには以下のような方法がある。

・子どもと一緒に子どもの好きなことを自由にしながら共に過ごすこと。子どもが遊びたいもので遊び，話したいことについて話せばよい。子どもがしたいことをして，子どものリードに従うこと。こうした特別な時間から，子どもは自分に価値があり，愛されており，認められていると感じることができる。

・本書で示したワークを行い着実に達成し成功体験を得られるようにすること。成功体験は，また新たな成功を生み，次の段階へと前進していくことができる。

・"ブレイブチャート" を作ること。ブレイブチャートとは勇気をもって取り組んだ証を記す記録表のことである。あなたが保護者なら家の冷蔵庫に，あなたが学校の援助者ならオフィスの壁に貼って，子どもが達成した勇気ある行動や，取り組みをブレイブチャートに書き出して確認していくこと。どれだけ勇気をもって強くなったかを何度でも確認できるようにしておくとよい。10代の子どもならば，携帯電話やスマートフォン，日記に乗り越えられた段階を（たとえどんな小さなものでも）全て記録し，定期的に見直すように声かけをする。

・結果だけでなく，その過程における努力を認めること。人生はいつも結果が全てというわけではない。ときには，どんなに一生懸命頑張っても，うまくいかないこともある。その努力こそ認めるべきものである。

・自信のもてる得意な能力を伸ばせるように子どもを励ますこと。例えば，歌やダンスが上手だったり，サッカーの才能があったりするかもしれない。何か自信の持てるような得意なことがあるとよい。そういった課外

活動での自信は，自分ができるという実感を与えるだけでなく，勇気を出して人と話そうとすることにもつながっていく。

・ <u>援助者自身の自信を示すこと</u>。自信とは，心配や不安に直面しても，持ち堪えて耐え抜き，行動できることである。援助者自身が不安を感じるような状況に出くわしたら（その話題が子どもの年齢に適しており，子どもに関係ないことを前提として），子どもに自分自身の心配事を打ち明けるのも良いだろう。そして，その心配事に対して，勇気をもって行動すればできる自信があるということを子どもに伝える。例えば，締め切り間近な仕事があったら，締め切りに間に合わせることができるか不安であることを子どもに打ち明ける。しかし，過去に締め切りまで仕事を終わらせられなかったことはないという経験談を話し，不安はあっても，何事も一生懸命に取り組めば，ちゃんと終わらせることができるということを伝えるのである。

3．ソーシャルスキルトレーニング

場面緘黙児が，基本的なソーシャルスキルを獲得できていないことを実証的に示した研究はない。しかし，場面緘黙児は，社会的やりとりの機会をもつことが顕著に少ないため，社会性が育たず，社会的常識を学習する機会にも恵まれないと考えるならば，彼らが年齢相応のソーシャルスキルを獲得し，運用することができていないということは容易に想像がつくであろう。ソーシャルスキルトレーニングや社会的やりとりのロールプレイが役に立つ理由として，次の2つが挙げられる。

第1に，これらのアプローチの一番のメリットとして，子どもたちを取り巻くさまざまな社会的状況を，事前に"スクリプト化"して準備しておくことができる点である。スクリプトとは，台本のようなものであり，ある状況で起こり得る一連の行動の流れを示したもののことをいう。大人たちは，さまざまな社会的状況に対して頭の中にスクリプトをすでにもっている。例えば，病院に行くとすれば，受付を済ませ，待合室で名前を呼ばれるまで待ち，診察室へ移動して，医師と話すという一連の流れがスクリプトである。それから受付で会計を済ませて病院を出る。こうしたスクリプトがなければ，不安を感じどうして良いか戸惑ってしまうことだろう。病院に行ったとして，

そこで何が行われるのか何も分からないとしたらどうだろうか？　受診料はいくらになりそうか，医者がどんなことを言うのか，そもそも安全な場所なのか，白衣を着た人の誰が自分を診るのか見当もつかないとしたらどうだろうか？　スクリプトがなかったら，心の準備ができていないため，気持ちがおぼつかなくて心配になり，きっとそこから逃げ出したくなってしまうのではなかろうか。スクリプトがあることによって，不安が軽減されるだけでなく，新しい言い回しや人とのかかわり，行動の手順を身につけることができるのである（Barnett et al., 2007）。レストランで注文したり，誰かに質問したり，自己紹介をしたり，友達を遊びに誘ったりすることがスクリプトの例として考えられる。

　第2に，ソーシャルスキルトレーニングは，社会的やりとりを安全に心地よい状況の中で学習し，練習する良い機会となる。私達は，新しいスキルを教えるとき，子どもがそのスキルを習得したと思うとすぐに，もういつでもどこでもそれができるだろうと考えてしまいがちである。そして，繰り返し教えることをやめてしまう。"過剰学習"とは，習得した新しいスキルを，それからも続けて何度も練習して学習することをいう。これによってやっと，習得したスキルを自然な流れの中で行動に移すことができるようになっていく。"ヤーキーズ・ドットソンの法則[訳注3]"に従えば，意識がしっかりとした状態で習得したスキルだからきっと大丈夫だろうと思っていても，そうとは限らない。過剰学習を行うことによって，その行動を使う頻度は確実に増える（Rohrer, 2005）。平たく言えば，子どもがある社会的行動を完全，完璧になるまで練習し，飽きがくるくらいまでにやり尽くした頃に，やっとその行動は自然にできるようになり，寝ていても，逆立ちしていてもできるようになっているということである。場面緘黙児に当てはめてみると，マクドナルドのカウンターで店員から注文を尋ねられたときに，不安が強く感じられている状態であったとしても，何も考えることなく自然に店員に応答できるようにプログラムされたような状態のことである。このような段階に至るには，かなりの練習が必要である。したがって，ロールプレイは，保護者やキ

　訳注3）ヤーキーズ・ドットソンの法則：ヤーキーズとドッドソンがネズミを使った学習実験から見出した，覚醒水準と学習のパフォーマンスとの間には逆U字型の関係があるという法則。すなわち，ある水準までは覚醒の増加とともにパフォーマンスはよくなるが，ある水準を超えると逆にパフォーマンスが低下していくというものである。

第8章　子どもの自信を育むためのさまざまなアプローチ　157

ーパーソン，セラピスト，その他の人と一緒に子どもの日常生活の一部になるくらいまで行うことが望ましい。経験上，スクリプトが現実に近ければ近いほど，ロールプレイは効果的なものとなる。例えば，プレゼンテーションの準備としてロールプレイを行う際，もちろん家や車の中，友達の家などさまざまな場所で練習をするのも悪くはないが，最も効果的なのは，プレゼンテーションが実際に行われる教室で，実際に使う機材を用いてロールプレイを行うことである。同じように，子どもが友だちを家に遊びに誘うロールプレイを行う場合も，遊ぶ場所（誘おうと思っている場所）で仲の良い別の友だちと事前に一緒にロールプレイしておくことが最も効果的である。

　本やビデオ映像，携帯電話のアプリなどのメディアを通したソーシャル・ストーリー^{訳注4)}などを用いることで，楽しみながらソーシャルスキルトレーニングを行うこともできる。ソーシャルストーリーとは，子どもたちが身につける必要がある社会的な相互作用，状況，スキルについての映像もしくは文章による説明書のようなものである。ソーシャルストーリーの目標は，社会的状況についてのステップを正確に，理解しやすく提示し，子どもが行動する前に，その場面で起こるステップや結果を見通せるようにすることである。Sandbox Learning（http://www.sandbox-learning.com/）や，Touch Autismの Social Story®，Creator and Library®など，ソーシャルストーリーを提供するサイトはたくさんある。どのように社会的やりとりが生じるのかを物語にした本を子どもと作り，独自のソーシャルストーリーを創作することも楽しい方法である。

4．予測可能性とセルフコントロールへの支援

　人はみな，予測可能性やセルフコントロールを失ったとき不安を感じるものである。もし，ある事柄が自分のコントロール下にあって，これから何が起こるのかをはっきり分かっていれば，それについて心配したりストレスを感じたりはしない。自分で自分をコントロールできているという感覚がないときや，次に何が起こるのか分からないときに人は不安を感じ，心配になる

　訳注4）ソーシャルストーリー：キャロル・グレイが考案した主に自閉症スペクトラム児が，テキスト（文章）やイラスト（絵）を用いて社会的文脈にあったストーリーを学び，実際の場面に適用してソーシャルスキルを獲得するための方法。

のである。

　場面緘黙児も同様である。自分が話したときにクラスメイトが示す反応など，自分ではコントロールしきれない事態もある。しかし，事前に何が起こるかということを知っていて，その後の流れが把握でき自分のコントロール下にあれば，子どもの不安を軽くするだけでなく，セルフコントロールの感覚を失うことはない。

　場面緘黙児の支援において重要なことは，常に一貫性があり，なるべく変化しないということである。以下にいくつか覚え書きとして示しておこう。

- <u>変化しない予測可能な介入を行うこと</u>。次に進む段階や，目標，ワークの内容を伝えいつも同じ流れを示しておく。私のセッションは，いつも同じ流れで進むため，予測しやすいものになっている。もちろん毎回同じ活動ばかりをするわけではなく，目標もセッションごとに変わるが，セッションがどのくらいの時間続くのか，どのような段階に取り組むのか，そして決して無理な要求はしないということを子どもに理解してもらっている。

- <u>教室で守るべきルール（規則）は他の子どもと同様にすること</u>。場面緘黙児であっても，許容できない行動は許してはいけないと私は考えている。多くの教師が，場面緘黙児を動揺させたくないと思うあまり，教室で守るべきルールに従わないことを大目に見ているという話をよく聞く。例えば最近，ある教師が，私のクライエントの一人についてこんなことを話していた。その子は，教師の目の前であからさまに他の子の答案を写していたという。その教師はその状況を把握し，教室全体に向けた形で，ルールを守るよう注意したが，その子どもは写すことをやめなかったそうだ。教師は，その子どもに直接注意したらどう反応するのか心配で，何もできなかったという。もちろん，直接注意する以外の方法がないかどうか検討する必要はあるだろう。なぜなら，学習障害を伴うがゆえに指示が理解できていないのかもしれないし，何か別のことを考えていて，教師に指示されたことを理解できなかったのに，緘黙があるためにそれを教師やクラスメイトに確かめることもできず，何をすべきなのかわからなかったのかもしれない。こうした可能性を全て考慮した上で，カンニングという状況を見極めていかなくてはいけない。しかし，

私はその教師に，子どもにはカンニングは許されないことであることを
伝え，直ちに止めるよう単刀直入に言ってよいと伝えた。発話の困難と
は無関係な行動については，場面緘黙児に対しても，他の子どもたちが
求められている行動は同じように守らせるべきである。

- <u>教室では可能な限り変更を行わないこと</u>。もし日程に大幅な変更がある
場合は，その変更を事前に知らせたり，何があるのかを伝えておくとよ
い。可能なら，時間割はいつも同じように変わりなく，予測可能なもの
になるようにしておくことが望ましい。

- <u>家では変化しない一貫した生活を送ること</u>。子どもにとって，日々の予
定や就寝時間，日課，保護者の反応が予測できるものである必要がある。
不安の強い子どもは，家で予測できることや変化しない一貫した生活習
慣を頼りにして成長していく。ただ，常に予測できる生活を保つことは難
しい。毎日のスケジュールは，まるでカーブボールのように軌道を変え
る。保護者も疲れていたり気分がすぐれないこともあるため，躾の仕方
も常に一貫しているわけではないだろう。時間のかかる宿題や作業があ
って，時には，夜更かしをしなければならないこともあるだろう。毎日
の生活というものは混乱の連続であるのは仕方のないことであるが，で
きる範囲で子どもが予測可能な生活スタイルを維持したいものである。

- <u>子どもに適度なセルフコントロール感をもたせること</u>。保護者たちはみ
な，我が子が生活のさまざまな場面で，自分で着る服を選んだり，夕食
で何を飲むか決めたりといった，自分で何かを選択したり，自分で自分
をコントロールしていると感じるような経験を積むことが大切だと思っ
ている。保護者は，子どもにどれを選んでも問題のない選択肢を与え，
選んでもらうとよい。これは子どもにとっても保護者にとっても良い結
果へとつながる。これと同じ方法が，緘黙児の行動療法でも用いられて
いる。例えば，息を吹くという段階に移行するとき，私は息を吹く練習
としていくつかの選択肢を子どもに与えてい。具体的には,「これから息
を吹く練習をするよ。風船を使うこともできるし，風車を使うこともで
きるし，ろうそくを使うこともできるよ。息を吹く練習をするのに，ど
れを使いたい？」などと伝えている。私はどの練習を行うか決める権利
を子どもに与えているが，選択肢のどれを選んでもらっても良いと思っ
ているし，子どもが自分で選んだということに意味があると思っている。

音を出すという段階でも，アルファベットが書かれたカードで，子どもにどの音から始めるか選ばせている。結局全ての音に取り組むことになるが，こうすることで子どもは，自分の進み具合を自分でコントロールしているという実感をもつことができる。誰か新しい人と話したり，新しい場所で声を発したりするときがきたら，子どもが選ぶ人や場所として，多くの選択肢を与えることにしている。子どもに息を吹きたいかとか，新しい人と話したいかなどと尋ねるようなことはしてはいけない。何度も言うが，その答えは明らかだからである。その代わりに，目標とする行動に到達するために必要ないくつかの選択肢を与えるようにする。

5．リラクセーション技法

リラクセーションは，不安に対する一般的な行動的介入技法である。場面緘黙児に対して，心身をリラックスさせるための方法を教えることはとても効果的である。一般的に，リラクセーションは，“息を吐く”深呼吸を伴うものであるため，介入の初期段階で行うことは難しく，逆に子どもに不安を与えてしまうこともある。したがって，私は，保護者に対して子どもにリラクセーション技法を家で教えられるようになってもらうように指導するか，子どもが相談室で私と過ごすことに居心地よさを感じるまではリラクセーションをしないようにしている。

場面緘黙に見られる身体的特徴として，1）社会的状況や公共の場でさまざまな刺激を受ける，2）不安により身体が固くなり動きがぎこちなくなる，3）一度そうなってしまうと元の状態まで回復することが難しい，といった一連の流れがある。マインドフルネス・トレーニング[訳注5]と腹式呼吸，漸進的筋弛緩法[訳注6]が，自分の身体感覚や呼吸の状態に気づくのに役立つ。しばしば場面緘黙児は，身体の動きを極端に抑え込んでしまい，セラピストとリ

訳注5）マインドフルネス・トレーニング：マインドフルネスとは，「いま・ここ」の体験に意識を集中させながら，良い悪いなどの価値判断をせず，五感や心で感じたまま（＝あるがまま）に現実を受け入れること。マインドフルネスを発達されるトレーニング方法として，繰り返し呼吸に意識を向け続けながら，雑念が沸いてきたらそのことに気づき，呼吸に再び意識を向けるマインドフルネス瞑想などがある。ジョン・カバット・ジンの『マインドフルネスストレス低減法』によって欧米圏に広がったといわれている。

ラクセーショントレーニングを行うのを過度に恥ずかしがることがある。初めにマインドフルネスのワークから始めると，不安の喚起が軽減され，リラクセーションを開始する心の準備を整えることができる。Hawn Foundation[訳注7] の *The MindUp Curriculum* では，マインドフルネスを教えるにあたって，どの年齢層にも用いることができる方法を概説しているので参考にして欲しい。

　子どもが，相談室でより居心地よく感じられるようになってきたら，漸進的筋弛緩法や腹式呼吸をさまざまな方法で教えることができるようになる。漸進的筋弛緩法を教えるときは，スクリプトを用いるとよい。スクリプトのセリフを聞くことで，子どもは筋肉の緊張状態と弛緩状態を実感しやすくなる。Pincus, D. B.（2011）*I Can Relax!* と，Salzman, A.（2007）*Still Quiet Place: Mindfulness for Young Children* は，筋肉を弛緩させ，視覚的に捉えられるように導くナレーション付きの音響教材を提供している。

　漸進的筋弛緩法のスクリプトの例として，次のようなものがあげられる（Koppen, 1974 を改変）。

漸進的筋弛緩法スクリプト

　「今日は筋弛緩法というエクササイズをします。このエクササイズは，緊張したときにリラックスしたり，そわそわドキドキする気持ちを少なくしたりするのに役立ちます。そしてこの方法は，人に注目されずに学ぶことができるのでとても便利なものです。

　このエクササイズを成功させるために，守らないといけないルールがいくつかあります。1つ目は，どんなに馬鹿らしく感じたとしても，私が言った通りに身体を動かして下さい。2つ目は，私が言ったことに一

訳注6）漸進的筋弛緩法：E，ジェイコブソンによって開発された骨格筋を緊張された後，弛緩させることで心身のリラクゼーションを促すための技法。系統的に全身を弛緩させていくが，一般的には身体の主要な部分のみに対して行う簡便法が用いられることが多い。

訳注7）Hawn Foundation：ゴールディ・ホーンが 2003 年に設立した財団。子どもが抱えるストレスや不安を改善するために，神経科学，医学，教育学，心理学の知見を結集させ，Mind Up カリキュラムを完成させた。このカリキュラムは，子どもたちが心を落ち着かせる方法，リラックスする方法，ストレスを軽減する方法，人間の行動をよりよく理解する方法について学ぶ内容になっている。

生懸命取り組んで下さい。3つ目は,自分の身体に注意を向けて下さい。エクササイズしているときに,筋肉が緊張しているときとリラックスして緩んでいるときでどんな感じがするか意識してください。そして4つ目は,繰り返し練習をして下さい。練習すればするほど,よりリラックスできるようになります。何か質問はありますか?

　準備はできたでしょうか?　では初めに,その椅子にできるだけくつろいで座ってください。深く腰掛けて,両足を床に着け,腕の力を抜いてください。そうです。それでは目を閉じましょう。練習している間は目を閉じたままでいましょう。しっかりと私の説明を聴いて下さい。一生懸命に取り組みながら,自分の身体に注意を向けることを忘れないでくださいね。さあ始めますよ」

　あなたは左手にレモンを1つもっています。さあ,それを絞ってください。1滴も残さず,果汁を絞り出してください。絞ったときの手と腕の固さを感じてください。ではレモンを床に落としましょう。すると力が抜けますよ。力が抜けたときの筋肉がどんな感じがするかに意識を向けてみましょう。もう1つレモンを絞ります。1個目のレモンよりも固く絞って。そう,とても固く。ではレモンを落として力を抜きましょう。もう1度左手にレモンをつかんで果汁をみんな絞り出して。1滴も残さずに。固く絞って。いい感じですよ。では力を抜いて,手からレモンを落として下さい。
(右手でも同じ手順を繰り返す)

　あなたはふわふわでのんびりした猫ちゃんです。伸びをしたくなります。腕を身体の前でぐっと伸ばしてみましょう。その腕を今度は頭の上の方へ高くもっていきましょう。今度はそれを後ろの方へ。肩が引っ張られるのを感じて下さい。では腕の力を抜いて,身体の横へだらんと下ろしましょう。いいですね,さあもう一度やってみましょう。腕を身体の前でぐっと伸ばして。その腕を頭の上へ上げて。後ろへ,後ろへと引っ張って。もっと強く。ではだらんと下ろして。いいですねぇ。肩がどれくらいリラックスしているか感じてください。今度はさらに大きく伸

びをしましょう。上の方へ，天井に届くくらいに。次に腕を身体の前の方に伸ばしてみましょう。それをまた頭の上高くへ上げて。後ろへ，後ろへ伸ばしていきましょう。腕と肩が緊張して引っ張られるのを感じてください。そのままぐっとこらえて。上手ですよ。さあ，腕を一気にだらんと落として，リラックスしてどれだけ気分がよくなっているかを感じてください。心地よく，温かく，ゆったりとした気持ちです。

　今度は，顎がはずれるかと思うほど大きくてものすごく固い風船ガムを噛みます。固くて噛むのが大変です。さあガムを噛んでください。強くです。首の筋肉も使いましょう。はい，では力を抜いて。今度はあごがだらんとするのに任せてください。あごが自然にだらんと落ちてだらしなく，そして気持ちがいいのを感じてください。ではもう一度大きくて固いガムに挑戦しますよ。さあ，噛んでください。力を込めて。上の歯と下の歯でガムを押しつぶしてください。いいですね。ガムが噛み切れてきていますね。ではまた力を抜いて下さい。ガムを噛むよりも，あごの力を抜く方が気持ちいいです。さあ，もう一度。噛んで下さい。できるだけ強く。おぉ，しっかり噛んでいますね。では力を抜いて。そのまま全身をリラックスさせてみましょう。自然に任せてできるだけゆったりとしてください。

　今度はうるさいハエが飛んできましたよ。あなたの鼻にとまります。手を使わずにハエを追い払ってください。そう，鼻にシワを寄せて。鼻にできるだけたくさんのシワを作ってください。鼻にくっきりとシワを作りましょう。いいですね。ハエを追い払うことができました。鼻の力を抜いて大丈夫ですよ。おや，また戻ってきましたよ。鼻の真ん中にとまりました。もう一度鼻にシワを寄せて。シッと追い払うのです。深くシワを寄せて。そのままできるだけシワをくっきりと保って。いいでしょう，ハエは飛んで行きました。顔の力を抜いていいですよ。鼻にシワを寄せると，頬や口，額，そして目がみんな一緒に動き，固くなることを意識してみてください。そして鼻の力を抜くと，身体全体の力が抜け，心地よくなるのを意識してみましょう。おっと，ハエが戻ってきて，今

度は……あなたの額にとまりました。シワをたくさん作って。すべての
シワで挟んでハエを捕まえるくらいに。そのままぎゅっと。いいでしょ
う，自然にしてください。ついにハエはいなくなりました。もうリラッ
クスして構いませんよ。顔の力を緩めて，シワをなくして下さい。顔は
心地よく，シワがなく滑らかで，リラックスしています。

　おや！　かわいい子ゾウがやってきましたよ。でもこの子ゾウ，行く
先をよく見ていませんね。あなたが草むらに寝転がっているのに気づか
ないで，今にもあなたのお腹を踏んでしまいそうです。動かないで。逃
げる時間はありません。来るのを待ち構えましょう。お腹に思い切り力
を入れて。腹筋をぐっと固く締めてください。そのまま耐えて。子ゾウ
は別の方へ行ってしまったようですね。もう力を抜いていいですよ。お
腹を軟らかくして。できるだけリラックスしてください。気分がよくな
りましたねぇ。おっと！　またあの子ゾウがやってきます。構えて。腹
筋に力を入れて。岩のように固くしてください。よし，行ってしまいま
したね。もう力を抜いて大丈夫です。落ち着いて，くつろいで，リラッ
クスします。腹筋に力が入っているときと，力が抜けているときの違い
を意識してください。そうして心地よく，緩んで，リラックスしている
のを感じるのです。子ゾウがやってきましたが，今度はあなたの方へ突
進しています。腹筋を固くして。さあ来ますよ。今度こそ，いよいよ本
当に。ぐっとこらえて。子ゾウがあなたを踏みました。あなたの上を踏
んで行きます。さあ，ついに子ゾウが行ってしまいました。もう完全に
力を抜いて大丈夫ですよ。安全で安心です。気分が良く，リラックスし
ています。

　今度は，ささくれのある狭い板の塀の間を無理矢理通り抜けようとし
ているのを想像してみましょう。通り抜けるためには，かなり身体を細
めなければなりません。お腹を引っ込めて。背骨に腹筋を引き寄せて下
さい。できる限り身体を細めてください。では力を抜いて，お腹が温か
く，緩まっているのを感じてください。いいですね，ではもう一度塀の
間を通ってみましょう。腹筋を引き寄せて。背骨に着くように。本当に

小さく，固くしてください。できる限り細めて。まだそのままですよ。通り過ぎてしまいましょう。狭く，細い壁の間を通り抜けました。トゲの心配はありません。もうリラックスして大丈夫です。後ろに寄りかかり，お腹をいつもの状態に戻してください。かなり気分がよくなりましたね。とっても上手でしたよ。

　次は大きなタプタプした泥の水溜まりに裸足で入っていきます。泥の深くへ，つま先を突っ込んでください。泥の水溜まりの一番底に足の先が着くように。踏み込むのには脚の力が必要です。足を降ろして，つま先を開いて，泥が指の間をぐしゃぐしゃと動くのを感じてください。では泥の水たまりから出ましょう。脚の力を抜いてください。つま先を緩めて，力が抜けたときの心地よさを感じてください。泥の水溜まりに戻ります。つま先を突っ込んで。踏み込むのに足の筋肉を使ってください。足で押して。強く。水たまりが干上がるほど押しつぶして。いいですね。ではそこから出てください。足先の力を抜いて，足の力を抜いて，足の指の力を抜いて。リラックスして，いい気分です。どこも緊張していません。どこか温かく，ピリピリとした感じがします。

　最後です。できるだけリラックスしてください。全身の力をダランと抜いて，全ての筋肉がリラックスしているのを感じてください。あと何分か経ったら目を開けるよう声をかけます。それでこのセッション終わりです。今日家に帰ったらリラックスしてとっても心地よかったことを思い出してください。エクササイズでもやったように，身体を固くするとリラックスすることができるでしょう。もっともっとリラックスできるようになるために，できれば毎日このエクササイズを行ってください。練習は，夜ベッドに入って電気を消し，一人っきりのときがよいでしょう。寝つきも良くなりますよ。そのようにして深くリラックスしていくと，学校でも自分でリラックスできるようになっていきます。子ゾウや大きくて固いガム，泥の水溜まりを思い出せば誰でも気づかないうちにこのエクササイズができてしまいます。もういつでもリラックスする準備は万全ですね。今日はいい日でしたね。一生懸命頑張って心地よい

ですね。では，ゆっくりと目を開け，身体を少し揺らして動かしてみましょう。いいでしょう。よくできましたね。あなたは今日からリラックスのスペシャリストです。

　Cardiograph（iPhoneで心拍数を測定するアプリケーション）や，BellyBio®（バイオフィードバック[訳注8）]を用いて呼吸を行う）などのアプリケーションも身体的な状態に意識を向けるために活用できる。子どもたちは，アプリケーションを楽しみながらリラクセーションを学ぶことができるだろう。Biodots®（www.biodots.net）もまた，リラクセーション・練習を楽しくする補助ツールである。Biodotsは，皮膚温[訳注9）]（ストレスと不安の生理学的な一般的指標）を測定する小さなステッカーで，温度によって色が変化するものである。

　リラクセーションもまた，頻繁に練習しなければ，ストレスの真っただ中でいきなりそのスキルを使えるようにはならない。したがって，教わったリラクセーションを家に帰ってから練習する計画を立てておくことが大切である。リラクセーションによる変化を観察するため，保護者と子どもはリラクセーション前後の心拍数とBiodots®の色を記録していく（表4）。

表4　リラクセーションの記録

練習日	心拍数（前）	色（前）	心拍数（後）	色（後）

訳注8）バイオフィードバック：人の生理的反応に関する情報を視覚，聴覚，触覚など知覚可能な刺激に変換して本人に呈示することにより，精神生理的状態の自己調整を促進しようとする手続き。自己の内部感覚への自覚，弁別を成立させ，リラクセーションなどの精神生理的状態を調整する方法として，心身医学領域の主要な技法のひとつになっている。

訳注9）皮膚温：皮膚温は，血流量が減少すると低下し，血流量が増加すると上昇する。皮膚温の変化が生じるのは，環境温の変化のほか，深呼吸や体位，喫煙，心理的要因によって抹消血管の拡大・縮小が起こることによって変化する。心理的要因としては，不安，緊張などの情動，精神的負荷が与えられると皮膚温は低下する。

6. 結　　論

　医師や心理師，教師，その他の専門家たちは皆，発達的・情緒的障害に対して，幼少期からの早期的な治療的介入が必要かつ効果的であることを指摘している。早期介入によって，問題が改善するだけでなく，二次的影響を減らすことができる。また，その子どもや家族への有益な支援方法を周囲の人々に知ってもらうこともできる。しかし，場面緘黙児は，その多くが早期介入を受けることができないでいるのが現状である。その理由として，以下のようなことが挙げられる。

・<u>問題（人前で話すことが困難であること）が観察されてから，診断と治療を受けるまでに時間差が発生しやすい</u>。本書を読んだということは，すでにそのタイムラグを防いだということである。学校の教職員や小児科医，家族や友人たちを啓発して，多くの人々が場面緘黙についての実態を知ってもらえるように是非とも力を貸してほしい。この本で知った内容を周囲の人々に話してほしい。まずは緘黙という問題の認識を広めていくことが何よりも重要である。
・<u>治療できる専門家を見つけることが困難である</u>という現実がある。いまだ多くの心理師が場面緘黙について十分な知識をもっていないことが一番の問題である。不安の高い子どもに対して，行動療法を用いた治療を行った経験のある心理師を探すか，適切な専門家を照会するために www. selectivemutism.org や www.adaa.org，www.abct.org などのウェブサイトにアクセスしてみてほしい。
・<u>子どもを"ラベリング"してしまうことへの懸念という障壁の存在</u>。どうか信じてほしい。子どもは，自分が話さない，話せないということをよく分かっているのである。場面緘黙は，治療によって改善する問題であり，隠し立てするような問題ではない。話せない子としてラベリングされてしまうことに対する懸念や心配が，治療を始めない正当な理由には決してならないということを理解して欲しい。
・<u>協力的でない家族がいること</u>。子どもの状態について「このままで大丈夫」と思っていたり，必要なのは家庭でもっとしっかり躾をすればよい

だけだと思っている身内が，家族や親戚の中に大抵 1 人はいるものである。保護者は，もちろん治療を受けることが，子どもの人生をよりよいものにするのは分かっているが，身内から理解されず認めてもらえない決断をするということはやはり心苦しいだろう。

・ <u>子どもが成長すれば，そのうち治ると信じ込んでしまうこと</u>。場面緘黙児の中には，時間の経過と成長によって改善するものが全くいないわけではない。その一方で，時間を経ても改善することなく，さらに不安が強まり，友人が減り，学校生活を送ることが難しくなっていく者もいる。場面緘黙を抱える子どもがどちらの方向に転ぶのか，その運命をサイコロの目に任せるようなことをして本当によいのだろうか？

最後に。治療を成功させるために最も重要な要因は，治療の開始時の子どもの年齢，症状の持続期間，行動療法を受けたかどうかだということである（Pionek Stone, 2002）。場面緘黙児，そして場面緘黙を抱える青年たちにできることはただ一つ。すぐに治療的介入を始めることである。

それはいつか？「今でしょ !!」

付録資料

フォーマット，評価スケール，ワークシートおよび治療手続きガイドライン

資料 1　診断面接のフォーマット
資料 2　SM-SCCS 緘黙児の社会的コミュニケーションステージ評価スケール
資料 3　構造化行動観察シート
資料 4　学校場面における場面緘黙用機能的行動分析観察シート
資料 5　刺激フェーディングの手続きガイドライン
資料 6　コミュニケーションのはしごのイラスト
資料 7　家遊びチェックシート
資料 8　人間ビンゴゲームシート
資料 9　好きなものゲームシート
資料 10　ミッションカードのシート
資料 11　発話セリフシート
資料 12　ブレイブワークの記録シート
資料 13　場面緘黙をもつ子どもの理解に向けて（啓蒙用シート）
資料 14　学校への意見書のフォーマット
資料 15　学校における場面緘黙児への介入と環境調整の手続きとガイドライン

（資料1）

診断面接 (フォーマット)

氏名：＿＿＿＿＿＿＿＿＿＿＿＿＿　面接日：＿＿＿＿＿＿＿＿＿＿＿

生年月日：＿＿＿＿＿＿＿＿＿＿　年齢：＿＿＿＿＿＿＿＿＿＿＿＿

情報提供者：＿＿＿＿＿＿＿＿＿＿＿＿＿＿＿＿＿＿＿＿＿＿＿＿

学校名：＿＿＿＿＿＿＿＿＿＿＿＿＿＿＿＿＿＿＿＿＿＿＿＿＿＿

特別支援教育認定に該当する障害

☐　発話／言語障害　または　コミュニケーション障害
☐　他の健康上の問題
☐　情緒障害
☐　学習障害
☐　自閉性障害
☐　他の診断：＿＿＿＿＿＿＿＿＿＿＿＿＿＿＿＿＿＿＿＿
☐　Section 504 プラン
☐　上記の診断がなく，保護者の困り感なし
☐　上記の診断はないが，保護者の困り感あり

現在利用している支援

☐　理学療法
☐　作業療法
☐　ソーシャルワーク
☐　言語療法
☐　（特別）支援教室
☐　その他：＿＿＿＿＿＿＿＿＿＿＿＿＿＿＿＿＿＿＿＿＿

評価／治療歴：

評価歴：＿＿＿＿＿＿＿＿＿＿＿＿＿＿＿＿＿＿＿＿＿＿＿＿
＿＿＿＿＿＿＿＿＿＿＿＿＿＿＿＿＿＿＿＿＿＿＿＿＿＿＿＿
＿＿＿＿＿＿＿＿＿＿＿＿＿＿＿＿＿＿＿＿＿＿＿＿＿＿＿＿
＿＿＿＿＿＿＿＿＿＿＿＿＿＿＿＿＿＿＿＿＿＿＿＿＿＿＿＿
＿＿＿＿＿＿＿＿＿＿＿＿＿＿＿＿＿＿＿＿＿＿＿＿＿＿＿＿
＿＿＿＿＿＿＿＿＿＿＿＿＿＿＿＿＿＿＿＿＿＿＿＿＿＿＿＿

治療歴：＿＿＿＿＿＿＿＿＿＿＿＿＿＿＿＿＿＿＿＿＿＿＿＿＿＿＿＿
＿＿＿＿＿＿＿＿＿＿＿＿＿＿＿＿＿＿＿＿＿＿＿＿＿＿＿＿＿＿＿＿＿
＿＿＿＿＿＿＿＿＿＿＿＿＿＿＿＿＿＿＿＿＿＿＿＿＿＿＿＿＿＿＿＿＿
＿＿＿＿＿＿＿＿＿＿＿＿＿＿＿＿＿＿＿＿＿＿＿＿＿＿＿＿＿＿＿＿＿
＿＿＿＿＿＿＿＿＿＿＿＿＿＿＿＿＿＿＿＿＿＿＿＿＿＿＿＿＿＿＿＿＿
＿＿＿＿＿＿＿＿＿＿＿＿＿＿＿＿＿＿＿＿＿＿＿＿＿＿＿＿＿＿＿＿＿

個別指導歴：＿＿＿＿＿＿＿＿＿＿＿＿＿＿＿＿＿＿＿＿＿＿＿＿＿＿
＿＿＿＿＿＿＿＿＿＿＿＿＿＿＿＿＿＿＿＿＿＿＿＿＿＿＿＿＿＿＿＿＿
＿＿＿＿＿＿＿＿＿＿＿＿＿＿＿＿＿＿＿＿＿＿＿＿＿＿＿＿＿＿＿＿＿
＿＿＿＿＿＿＿＿＿＿＿＿＿＿＿＿＿＿＿＿＿＿＿＿＿＿＿＿＿＿＿＿＿
＿＿＿＿＿＿＿＿＿＿＿＿＿＿＿＿＿＿＿＿＿＿＿＿＿＿＿＿＿＿＿＿＿
＿＿＿＿＿＿＿＿＿＿＿＿＿＿＿＿＿＿＿＿＿＿＿＿＿＿＿＿＿＿＿＿＿

薬物治療（過去／現在）：＿＿＿＿＿＿＿＿＿＿＿＿＿＿＿＿＿＿＿
＿＿＿＿＿＿＿＿＿＿＿＿＿＿＿＿＿＿＿＿＿＿＿＿＿＿＿＿＿＿＿＿＿
＿＿＿＿＿＿＿＿＿＿＿＿＿＿＿＿＿＿＿＿＿＿＿＿＿＿＿＿＿＿＿＿＿
＿＿＿＿＿＿＿＿＿＿＿＿＿＿＿＿＿＿＿＿＿＿＿＿＿＿＿＿＿＿＿＿＿
＿＿＿＿＿＿＿＿＿＿＿＿＿＿＿＿＿＿＿＿＿＿＿＿＿＿＿＿＿＿＿＿＿

現在の問題：＿＿＿＿＿＿＿＿＿＿＿＿＿＿＿＿＿＿＿＿＿＿＿＿＿＿
＿＿＿＿＿＿＿＿＿＿＿＿＿＿＿＿＿＿＿＿＿＿＿＿＿＿＿＿＿＿＿＿＿
＿＿＿＿＿＿＿＿＿＿＿＿＿＿＿＿＿＿＿＿＿＿＿＿＿＿＿＿＿＿＿＿＿
＿＿＿＿＿＿＿＿＿＿＿＿＿＿＿＿＿＿＿＿＿＿＿＿＿＿＿＿＿＿＿＿＿
＿＿＿＿＿＿＿＿＿＿＿＿＿＿＿＿＿＿＿＿＿＿＿＿＿＿＿＿＿＿＿＿＿

教育歴／教育上の問題：＿＿＿＿＿＿＿＿＿＿＿＿＿＿＿＿＿＿＿＿
＿＿＿＿＿＿＿＿＿＿＿＿＿＿＿＿＿＿＿＿＿＿＿＿＿＿＿＿＿＿＿＿＿
＿＿＿＿＿＿＿＿＿＿＿＿＿＿＿＿＿＿＿＿＿＿＿＿＿＿＿＿＿＿＿＿＿
＿＿＿＿＿＿＿＿＿＿＿＿＿＿＿＿＿＿＿＿＿＿＿＿＿＿＿＿＿＿＿＿＿
＿＿＿＿＿＿＿＿＿＿＿＿＿＿＿＿＿＿＿＿＿＿＿＿＿＿＿＿＿＿＿＿＿

強み：：＿＿＿＿＿＿＿＿＿＿＿＿＿＿＿＿＿＿＿＿＿＿＿＿＿＿＿＿
＿＿＿＿＿＿＿＿＿＿＿＿＿＿＿＿＿＿＿＿＿＿＿＿＿＿＿＿＿＿＿＿＿
＿＿＿＿＿＿＿＿＿＿＿＿＿＿＿＿＿＿＿＿＿＿＿＿＿＿＿＿＿＿＿＿＿
＿＿＿＿＿＿＿＿＿＿＿＿＿＿＿＿＿＿＿＿＿＿＿＿＿＿＿＿＿＿＿＿＿
＿＿＿＿＿＿＿＿＿＿＿＿＿＿＿＿＿＿＿＿＿＿＿＿＿＿＿＿＿＿＿＿＿

発話状況のアセスメント：

学校場面（担任，特別支援専門員，男子のクラスメイト，女子のクラスメイト，校長，その他の学校関係者など）

コミュニケーションのタイプ（非言語，ささやき，通常の発話など）	場所（どういう場所か）	対象（誰と話しをするか）

公共場面（ウェイター，事務員，図書館員，課外活動担当の教師／コーチなど）

コミュニケーションのタイプ（非言語，ささやき，通常の発話など）	場所（どういう場所か）	対象（誰と話しをするか）

親戚や家族ぐるみの友人（祖父母，叔父／叔母，いとこ，友人，友人の保護者など）

コミュニケーションのタイプ（非言語,ささやき,通常の発話など）	場所（どういう場所か）	対象（誰と話しをするか）

病歴：

出生前／新生児期：

分娩様式：

乳児期／幼児期：

持病：

継続的な服薬：

入院／外科的手術：

脳卒中／頭部外傷：

総括：

	保護者の困り感あり	保護者の困り感なし	備考
睡眠			
摂食／食欲			
聴覚			
視覚			
アレルギー			
おねしょ			
偏った興味			
アイコンタクト			
心配症／不安			
気になる癖			
変わった習慣			
妙な発音			
不登校／登校不安			
分離不安			
感覚過敏			
常態化した腹痛，頭痛，筋肉の緊張			
家庭での行動上の問題			
学校での行動上の問題			

成育歴：

微細運動と粗大運動：

言語：

最初にしゃべった言葉は何か？
家庭で話す他の言語はあるか？

発音の明瞭さ，流暢性：

ソーシャルスキル：

環境：

家族成員：

氏名	続柄	年齢	職業	備考

両親との関係：＿＿＿＿＿＿＿＿＿＿＿＿＿＿＿＿＿＿＿＿＿＿＿＿＿

家族員の病歴（メンタルヘルス面）：

ストレッサー（学業面，健康面，経済面，近隣面，家族の問題など）：

治療：

介入によってどんな変化を望むか？
現在の問題にうまく対処できないと，どんなことが起きそうか？
これらの問題が変化するのに，どのくらいの時間がかかると思うか？

（資料 2）

SM-SCCS 緘黙児の社会的コミュニケーションステージ評価スケール
（Stage of Social Communication Comfort Scale）

<u>コミュニケーションが全くとれない</u>：言語的にも非言語的にも，全く社会参加できない
■ステージ0　◇応答，働きかけがみられない段階
　　　　　　　◇<u>微動だにしない</u>（またはぎこちないボディランゲージ）・表情が乏し
　　　　　　　　い・視線を逸らす・固まったように見える・<u>無言である</u>
　　　　　　　あるいは，
　　　　　　　◇やりとりが生じたり，話しかけられたりしても，相手を<u>無視してい
　　　　　　　　る</u>ように見える
　　　　　　　コミュニケーションが生じるには，<u>社会的関与</u>がなければならない
<u>コミュニケーションがみられる</u>—非言語的にも言語的にも，あるいはどちらか一方で[*]
[*]コミュニケーションの段階を上げていくには,社会的な安心感を高めていく必要がある
■ステージ1：非言語的コミュニケーション段階
1A　応答　　　◇指さし・頷き・筆談・手話・ジェスチャー・口笛・媒介物の使用
　　　　　　　　（笛，ベルなど）・声を出さずに使えるデバイスの使用（コミュニケー
　　　　　　　　ションボード／カード，写真など）
1B　働きかけ　◇指さし・頷き・筆談・手話・ジェスチャー・口笛・媒介物の使用
　　　　　　　　（笛，ベルなど）・声を出さずに使えるデバイスの使用（コミュニケー
　　　　　　　　ションボード／カード，写真など）を通して，他者の気を引こうとす
　　　　　　　　ること
■ステージ2：言語的コミュニケーションへの移行期段階
2A　応答　　　◇あらゆる<u>音声</u>（ブツブツ声，動物の鳴き真似，片言，唸り声など）・
　　　　　　　　ささやき声・<u>音声拡張デバイス</u>（単一メッセージのやり取り，複合的
　　　　　　　　音声メッセージデバイス，テープレコーダー，ビデオなど）
2B　働きかけ　◇あらゆる<u>音声</u>（ブツブツ声，動物の鳴き真似，片言，唸り声など）・
　　　　　　　　ささやき声・<u>音声拡張デバイス</u>（単一メッセージのやり取り，複合的
　　　　　　　　音声メッセージデバイス，テープレコーダー，ビデオなど）を介して
　　　　　　　　他者の注意を引くこと
■ステージ3：言語的コミュニケーション段階
3A　応答　　　◇ほぼ正確な発話／直接的な発話（創作言語，赤ちゃん言葉，台本の
　　　　　　　　音読，ささやき声）
3B　働きかけ　◇ほぼ正確な発話／直接的な発話（創作言語，赤ちゃん言葉，台本の
　　　　　　　　音読，ささやき声）

"Copyright© 2012 Dr. Elisa Shipon-Blum and Selective Mutism Anxiety Research and Treatment Center, Inc. (SMart Center), www.selectivemutismcenter.org. All rights reserved."
"This material is part of Dr. Elisa Shipon-Blum's Social Communication Anxiety Treatment ® or S-CAT® and is used under license."

（資料3）

構造化行動観察シート

使用方法：それぞれの欄で，あてはまるものを○で囲む。

状況	誰とコミュニケーションをとっているか？	何を話しているか？	どのようにコミュニケーションをとっているか？	活用可能な方法	効果的か？（Yes/No）
保護者と2人でだけで過ごしている状況	・保護者 ・きょうだい	・応答する ・働きかける	・非言語 ・ささやき ・一言 ・二,三語 ・三語以上 ・発話	・言語的賞賛 ・言語的プロンプト ・ジェスチャー ・プロンプト ・遅れての反応を認める	Y ／ N Y ／ N Y ／ N Y ／ N Y ／ N

コメント：＿＿＿＿＿＿＿＿＿＿＿＿＿＿＿＿＿＿＿＿＿＿＿＿＿＿＿＿＿＿＿＿＿＿
＿＿＿＿＿＿＿＿＿＿＿＿＿＿＿＿＿＿＿＿＿＿＿＿＿＿＿＿＿＿＿＿＿＿＿＿＿＿

状況	誰とコミュニケーションをとっているか？	何を話しているか？	どのようにコミュニケーションをとっているか？	活用可能な方法	効果的か？（Yes/No）
見知らぬ人が部屋に入ってくる状況。その人に注意は向けられていない。	・保護者 ・きょうだい ・見知らぬ人	・応答する ・働きかける	・非言語 ・ささやき ・愛想よくする ・一言 ・二,三語 ・三語以上 ・発話	・言語的賞賛 ・言語的プロンプト ・ジェスチャー ・プロンプト ・遅れての反応を認める	Y ／ N Y ／ N Y ／ N Y ／ N Y ／ N

コメント：＿＿＿＿＿＿＿＿＿＿＿＿＿＿＿＿＿＿＿＿＿＿＿＿＿＿＿＿＿＿＿＿＿＿
＿＿＿＿＿＿＿＿＿＿＿＿＿＿＿＿＿＿＿＿＿＿＿＿＿＿＿＿＿＿＿＿＿＿＿＿＿＿

状況	誰とコミュニケーションをとっているか？	何を話しているか？	どのようにコミュニケーションをとっているか？	活用可能な方法	効果的か？（Yes/No）
見知らぬ人がかかわり，反射をするが質問はしない状況	・保護者 ・きょうだい ・見知らぬ人	・応答する ・働きかける	・非言語 ・ささやき ・愛想よくする ・一言 ・二,三語 ・三語以上 ・発話	・言語的称賛 ・言語的プロンプト ・ジェスチャー ・プロンプト ・遅れての反応を認める	Y ／ N Y ／ N Y ／ N Y ／ N Y ／ N

コメント：＿＿＿＿＿＿＿＿＿＿＿＿＿＿＿＿＿＿＿＿＿＿＿＿＿＿＿＿＿＿＿＿＿＿
＿＿＿＿＿＿＿＿＿＿＿＿＿＿＿＿＿＿＿＿＿＿＿＿＿＿＿＿＿＿＿＿＿＿＿＿＿＿

使用方法：それぞれの欄で，あてはまるものを○で囲む。

| 見知らぬ人からの非言語的に要求される状況（指さし，指挙げ，yes/no クエスチョン） | ・保護者

・きょうだい

・見知らぬ人 | ・応答する

・働きかける | ・非言語

・ささやき

・愛想よくする
・一言
・二, 三語
・三語以上
・発話 | ・言語的称賛
・言語的プロンプト

・ジェスチャー
・プロンプト
・遅れての反応を認める | Y ／ N
Y ／ N

Y ／ N
Y ／ N
Y ／ N |

コメント：_____

| 見知らぬ人からの言語的に要求される状況
1. yes/no クエスチョン
2. 選択式の質問
3. 自由回答式の質問 | ・保護者

・きょうだい

・見知らぬ人 | ・応答する

・働きかける | ・非言語

・ささやき

・愛想よくする
・一言
・二, 三語
・三語以上
・発話 | ・言語的称賛
・言語的プロンプト

・ジェスチャー
・プロンプト
・遅れての反応を認める | Y ／ N
Y ／ N

Y ／ N
Y ／ N
Y ／ N |

コメント：_____

| 再び保護者とだけいる状況 | ・保護者

・きょうだい | ・応答する

・働きかける | ・非言語
・ささやき
・愛想よくする
・一言
・二, 三語
・三語以上
・発話 | ・言語的称賛
・言語的プロンプト

・ジェスチャー
・プロンプト
・遅れての反応を認める | Y ／ N
Y ／ N

Y ／ N
Y ／ N
Y ／ N |

コメント：_____

（資料4）

学校場面における場面緘黙用機能的行動分析観察シート
Structured Functional Analysis Selective Mutism-SCHOOL

子ども：＿＿＿＿＿＿＿

日付：＿＿＿＿＿＿＿　　評価観察の時間：＿＿＿＿＿＿＿　～

行動																
言語的応答 *															
非言語的応答															
応答の欠如															
場所 **															
在籍教室															
専科の教室															
休み時間															
図書室															
食堂															
行動に先行する出来事（先行刺激）															
同級生とのやりとり															
大人とのやりとり															

グループでのやりとり									
子どもの要求									
社会的な動機づけ									
行動の後に起こった結果（結果）									
楽しい活動が続く									
助けられる ***									
応答時間の欠如									
無反応／無視									
叱られる									
中断する									
言語化を促す									
答える／返答する ***									

印の意味
* 音声 (V) または ささやき声 (W)
** 一対一 (1)、小集団 (</=5)(小) または大集団 (>6)(大)
*** クラスメート (ク) または 大人 (お)

●使用方法：左側の項目が観察カテゴリーである。評価観察の時間の間に観察対象児にその観察カテゴリーの行動が生起したら、記録用紙にチェック（✓）あるいは音声（V）なども記録していく。記録用紙には、観察している子どもが"音声による応答、小集団の任籍学級、休み時間の任籍学級で、小集団の中で起こった"という行動である場合には、縦方向に【音声的応答】の欄にⅤが、【任籍学級】【休み時間】の欄にチェック（✓）が入れられる。

次に（あるいはそれと同時に）その行動が起こった先行状況を特定し、チェック（✓）を入れる。例えば、先ほどの行動が起こったのが、【同級生とのやりとり】から生じたのであれば、【同級生とのやりとり】の欄にチェック（✓）を入れる。

さらに、その行動の後でどのような行動の結果が生じたかを特定し、チェック（✓）を入れる。例えば、音声の応答が中断した場合は、【中断する】の欄にチェック（✓）を入れる。この観察により、行動を起こさせた先行状況、行動の詳細な内容、行動の結果などのようなことが起こったかの一連の流れを確認することができる。観察を繰り返すことによって、緘黙の子どもの行動の特性やパターンを把握することともに、発話につながる有益な情報が得られ、治療的個人の計画をより正確に立てることができる。

（資料5）

刺激フェーディングの手続きガイドライン

1. 介入目標は，新しい人と適切な発話をしながら部屋で一緒に過ごすことである。保護者もしくはキーワーカーの役割は，新しい人が入室してきたときに，発話の促進や選択式の質問，または反応まで"5秒間待つ"といった配慮を通して，子どもの発話を維持させることである。

2. 保護者かキーワーカーと子どもは，部屋のドアを閉めたままで，ひとりで遊んだり，独り言を言ったりしながら"ウォーミングアップ"の時間を設ける。この時間を利用して，新しい人がフェーディングしてくるまでに（静かなささやき声ではなく）完全な発話がしっかりと得られている必要がある。(*** ある程度のセッションを経ていて，ウォーミングアップで一定の発話が見られない場合，介入方法をシェイピングに変更する)

3. 保護者かキーワーカーが，子どもと適切な音量でしっかりとした言葉でのやりとりができたら，新しい人は部屋へのフェーディングを開始する。新しい人はドアを開け，ドアの前へ向かって歩き，その存在を知らせながら何気なく振る舞う。新しい人は，子どもが言ったことや振る舞いに対して，反応してはならない。

4. 新しい人は，ゆっくりと入室し，できるだけ子どもから離れ，個人作業（コンピュータのタイピング，部屋の片付け，事務仕事など）をするのが望ましい。もし，子どもが話すのを止めたり，他の不安の兆候を見せたりするようであれば，不安が消失し，会話を再開するまでの間，入室するのを遅らせたり，同じ位置に留まるのがよい。

5. 新しい人は，あわてずに子どもとのやりとりの糸口をつかむようにしていくが，明確に子どもに対して注意を向けることは控える。

6. 保護者かキーワーカーと子どもの発話が安定しているようであれば，ここで初めて（さりげなく）新しい人は子どもに注意を向けていく。

7. 子どもが自身の発話に新しい人から注意を向けられることに耐えられそうであれば，新しい人は，子どもが話したことを反射したり，話したことに反応を返したりしていく。例えば，子どもが保護者に，青いカードを引いたことを話したとすれば，「青いカードを引いたんだね」などと反射する。子どもが保護者に，昨日の夜に新しいテレビゲームで遊んだということを話したとすれば，「新しいゲームで遊んだんだね，楽しそう」と伝えていく。

8. こうしたやりとりが，安心して行え，不安が強く喚起されないようであれば，新しい人は，子どもに選択式の質問を投げかけていく。

9. 子どもが新しい人の投げかけに安定して反応できているようであれば，保護者は，子どもと新しい人を残して，ゆっくりと退室する。ここで重要なのは，タイミングである。子どもが，不安な様子を明らかに見せていたり，子どもの発話が相当に減少したりした場合，保護者は，状態が安定するまで，その場に留まることが望ましい。

刺激フェーディングの手続き中に子どもが発話をやめてしまった場合，新しい人は，子

どもと保護者に近づくのをやめ，保護者と子どもの会話が安定するまで待つ。保護者と子どもの会話が数分程度で回復しない場合は，新しい人は，ドアの方まで戻り，保護者と子どもとの会話が回復するかどうかを観察する。それでも会話の回復が難しいときには，介入の方法として，刺激フェーディングではなくシェイピングを使うことを検討する。

　新しい人がすべてのステップを1回のセッションで行うことができない場合，相談室の外で行うこともできるが，フェーディングをより速やかに行うことが大切である。子どもの不安が，各セッションの開始時の状態に戻ってしまうようであれば（徐々に減少していく場合も），新しい人は，その不安を敏感に察知したい対応する必要がある。

(資料6)

コミュニケーションのはしご

（資料7）

家遊びチェックシート

クラスメートの名前	遊びが始まるまでの発話状態	遊んでいる最中とその後の発話状態	クラスメートの保護者に話しかけられたか？	この友人と過去に遊んだ回数	その他
ジョー・スミス	遊ぶまでジョーに話しかけたことはない	遊びの最中に質問され，それに答えた	いいえ	2回	この日が，初めて大きな声を出して遊んだ日である

（資料8）

人間ビンゴゲームシート

ディズニーランドに行ったことがありますか？	犬を飼っていますか？	他の言語を話せますか？
きょうだいで1番年上ですか？	メキシコ料理は好きですか？	コメディ映画は好きですか？
3月生まれですか？	1つ以上の家に住んだことがありますか？	魚を飼ったことがありますか？

（資料９）

好きなものゲームシート

	名前：_____	名前：_____	名前：_____
好きなもの			
映画			
アイスクリームの味			
本			
ピザのトッピング			

付録資料　187

（資料10）

ミッションカードシート

養護の先生にクリップをもらう	クラスの中で、あなたの好きな服装をしている人に話しかける
担任が週末に何をしたか尋ねる	担任に鉛筆を貸してくれるよう頼む
この手紙を校長へ持って行き、投函するよう頼む	事務員さんに、担任宛ての手紙が来ているかどうか尋ねる
音楽の先生に「こんにちは」とあいさつする	担任にトイレに行っていいかどうか尋ねる

（資料11）

発話セリフシート

課題	できた日					
先生、おはようございます。						
さようなら。						
○○しても良いですか。						
○○して下さい。						
トイレに行っても良いですか。						
水を飲んでも良いですか。						
ありがとう。						

**** 子どもが快適に，あるいはより不安を引き起こさずにいられるようになるには，それぞれのセリフを7～10回，行う必要がある。すべての欄をうめることができたら，賞品と与えることにするとよい。2つの欄は、その子ども個人の具体的な支援ニーズに合わせて記入できるよう、空欄にしてある。

(資料12)

プレイブワークの記録シート（例）

日付	場所	やりとりの相手	ステップ（当てはまるものすべてにチェック）	備考
14年3月13日	社会福祉事務所	ブランさん（キーワーカー）ジョーンズ先生（英語教師）	□非言語　□音　□囁き　☑一語での返答　□複数単語での返答　□発話　□通常の大きさの声	ジャックはよく頑張った。ブランさんとジョーンズ先生に直接話すことができた。
日付	環境	やりとりの相手	はじめの段階（当てはまるものすべてにチェック）	備考
14年3月15日	祖母の家	母　祖母のジャクソン	□非言語　□音　□囁き　□複数単語での返答　☑発話　□通常の大きさの声	ジャックの進歩には目を見張るものがある。祖母が家に来るや否や、すぐに話しかけていた。
日付	環境	やりとりの相手	はじめの段階（当てはまるものすべてにチェック）	備考
14年3月16日	ファーストフード店	店員　母	□非言語　□音　☑囁き　□複数単語での返答　□発話　□通常の大きさの声	ジャックは注文をためらっていたが、母親を見ながらささやき声で注文できた（店員が聞き取れる程の十分な音量ではない）

プレイワークの記録

日付	環境	やりとりの相手	はじめての段階（当てはまるものすべてにチェック）	備考
			□非言語　□音 □囁き　□一語での返答 □複数単語での返答 □発話 □通常の大きさの声	備考
			□非言語　□音 □囁き　□一語での返答 □複数単語での返答 □発話 □通常の大きさの声	備考
			□非言語　□音 □囁き　□一語での返答 □複数単語での返答 □発話 □通常の大きさの声	備考

（資料 13）

場面緘黙をもつ子どもの理解に向けて（啓発用シート）

　場面緘黙は，さまざまな社会的状況において，話せないことを特徴とする児童期の不安障害のひとつです。場面緘黙の子どもは，家や心地の良い場所，安全でリラックスできる環境では話すことができます。

　場面緘黙は，強い不安によって引き起こされるものであり，反抗心によるものではありません。コミュニケーションを取らないことで不安を軽減し，不安を増大させるような社会的やりとりから身を守っているのです。担任やその他の学校関係者の皆さんは，場面緘黙の子どもが"ただ黙っている"のではないこと，あるいは"意図的に"反応しないのではないこと，状況を"コントロール"しようとしているのではないということを知っておくことが重要です。場面緘黙の子どもは，文字通り，話すことができないのです。

　場面緘黙の子どもの大半は，心の中にある感情をずっと抑えています。場面緘黙の子どもが，不快な状況に直面した場合，彼らはしばしば沈黙し，コミュニケーションがとれなくなります。指さしや頷き，口だけ動かして意思を伝えようとすることさえ難しい子どももいれば，とてもリラックスして，簡単に返事をしたり，言葉で会話をしたりする子どももいます。

学校は，場面緘黙の子どもにとって，普通にふるまうことが最も難しい場所です。場面緘黙をもつ子どもの不安を軽減するように，われわれ大人ができることは何でしょうか？
・何よりもまず，大人は，控えめに，かつ適切な方法で，その子どもを知ろうとするのがよいでしょう。家庭訪問は，有益である場合が多いです。子どもにとって，自宅にいる時間が最も心地よく感じる時間です！　家庭訪問をすることは，心地よい気持ちでお互いを知るための良い方法となります。
・子どもに根気強く付き合いましょう。彼／彼女が頑固にみえるかもしれませんが，沈黙することやコミュニケーションをとらないという行動は，居心地の悪さや極度の不安を避ける自己防衛の方法になっているのです。怒っていたり，頑固であるなどというのは全くの誤解で，人一倍繊細で傷つきやすい子だと理解しましょう。
・時々，「レゴとプレイドール，どちらで遊ぶのが好き？」というような選択式の質問を投げかけてみましょう。もし答えられないようであれば，5秒待ってから再度，質問をしてみましょう。
・彼らを，単なる恥ずかしがりやと捉えることには少し注意が必要です。これは，親切心からくる肯定的な捉え方ですが，子ども自身や他の人たちに，その行動は性格だから変わらないと信じ込ませてしまう可能性があります。
・手を差し出したり，返答したりするなど，コミュニケーションを取ろうとした場合には，さりげなく褒めたり助け舟を出してあげるとよいでしょう。「教えてくれてありがとう」や「話してくれて嬉しい」というような，仰々しくないさりげない褒め言葉が適切です。
・子どもの集団参加を積極的にサポートし，クラスメートが，子どもの沈黙を，クラス

192 場面緘黙の子どものアセスメントと支援

メートへの無関心や失礼な態度などではないということを指導しておきましょう。

避けた方が良いこと
・子どもが非言語で伝えてきたことを推測すること。非言語でのやりとりに長時間を費やすことは，後に子どもが言葉を発するための動機づけを低下させることにつながります。
・子どもに話しをさせるために，高圧的になること，物でつること，脅迫すること，大げさに褒めること，おだてること。
・子どもの話す機会を完全に無くすこと。もし子どもが，あらゆる話す機会や理由をもたなくなったら，恐らく口を開くことはないでしょう。

（資料14）

学校への意見書フォーマット

特別支援的配慮を申請する際の意見書の例

【　】になっている部分に，必要な情報を入れて作成する。子どもの状況を正確に映反映させるために，適宜，内容を校正することが望ましい。本書のもう一冊を，校長やスクールカウンセラーに渡し，自身でも保管しておくとよい。

【日付】

関係者の方々へ

　いつも【子どもの名前】がお世話になっております。【子どもの名前】の両保護者です。

　先日，【病院】を受診し，医師の【医師の名前】先生から，場面緘黙および特定の不安障害の診断を受けました。それを受けまして，子どもの学校生活等についてご相談したく，特別支援担当の先生方とお会いさせていただきたいと考えております。また，どのように，子どもの教育的目標を考えていったらよいかを相談させていただきたいと思っています。

　（この部分には，現在の子どもの気になる状態について記述する。例えば，“現在のクラスでうまくやれていないようです。【子どもの名前】が，発表やグループ活動に参加できていないのではないかと心配しています。もし【子どもの名前】が，そのことに傷ついているとしても，助けて欲しいと言葉に出して言うことができないでいます。”など）

　場面緘黙をもつ子どもは，学校からの特別な支援を必要としています。そこには，キーワーカーとなる先生との取り組みも含まれています。キーワーカーとは，学校内で【子どもの名前】を勇気づけ，話すことができるように働きかけてくれる先生のことです。【医師の名前】先生は，キーワーカーの先生と一緒に，特別支援計画の立案のサポートや教室内の環境調整について助言してくださると仰ってくださいました。

　以上のことについてお話し合いをさせていただきたいと思いますので，日程調整のために都合のよい時間帯をいくつか教えていただけますと幸いです。

　お返事をお待ち申し上げております。どうぞよろしくお願いいたします。

【保護者／保護者の氏名】
【住所】
【電話番号】

194　場面緘黙の子どものアセスメントと支援

（資料 15）

学校における場面緘黙児への介入と環境調整の手続きとガイドライン

（＊リストに示された介入方法や環境調整プランがすべての子どもに適用できる訳ではない。対象となる子どもの状態像に基づいて介入方法を選択し，そのニーズに沿って，チームで連携をとっていくことが望ましい。）

1. キーワーカーと個別のセッションをもつことが有益である。キーワーカーとは，子どもとともに行う「ブレイブワーク」を担当する学校内における専門家であり，学校全体における他の介入チームメンバーを統括する人のことである。個別のセッションは，子どもの不安を低減させ，かつコミュニケーションを緩やかな一定のペースで促進するためのシェイピングや刺激フェーディングといった行動療法的介入で構成される（学校内における介入に関する詳しい情報については，エイミー・コトルバ著，丹明彦監訳「場面緘黙の子どものアセスメントと治療」を参照）。こうした介入は，学校内の個室における一対一の設定で始められるのがよい。そして，子どもの発話が得られた段階で，キーワーカーは，異なる環境設定で介入を行ったり，介入にかかわる人数を増やしたりしていくことでセッションを構成していく。
2. 最初の段階でのコミュニケーションの形式が非言語的なものであったとしても，そのコミュニケーションを増やすとともに，授業や社会的活動に参加するように働きかけられるのが望ましい。そうすることで，言葉のみによるやりとりが強化され，次第に非言語的なやりとりが減っていく。
3. 質問に反応するまでに時間を要することを念頭に置くこと。すべての子どもが質問へ回答する機会をもてるように，投げかけや質問を与えるたびに，少なくとも"5 秒間待つ"時間を与える。
4. 過度なアイコンタクトは避けること。過度なアイコンタクトは，子どもの不安を高めることにつながる。
5. 口頭でのやりとりが必要な課題が生じた場合には，別の形式での課題を与えるのが望ましい。例えば，文章で表現させたり，口頭での発表を家で録音，録画させたり，クラスメイトが作文を発表する代わりに，絵やポスターを指さしして発表することを許可するなどである。
6. 担任が子どもの学力を評価するときは，言語面ではなく非言語面で把握し評価を与えること。
7. 話せないことを理由に罰せられたり，あるいは非難されたりするべきではないし，それによって単位が得られないということがあってはならない。
8. 子どもが教室でコミュニケーションをとったときに，クラスメート達を子どもに注意を向けさせたり，担任が大げさな称賛を与えることは，かえって子どもの不安を高めるだけである。（「教えてくれてありがとう」のような）淡々としたほめ言葉を，さり気なく伝えるのがよい。

9. 必要に応じて，在籍するクラスの教室の外でもテストを受けられるようにするとよい。テストの形式は，個別でも少人数グループでもよい。子どもが質問や解説を求めた場合には，キーワーカーが応じる。

10. 家庭と学校との情報交換は，担任とキーワーカーの二人と一緒に，毎日あるいは毎週の単位で行うようにする。この情報交換の形式は，「ブレイブワークの記録」を参考にするとよい。コピーをとって，チームメンバー全員（担任，キーワーカー，心理師，保護者）が情報交換しやすいように経過を記録し，閲覧できるようにしておくのが望ましい。

11. 席は，仲の良いクラスメイトの隣で，担任に近く，ドアから離れたところに置くようにすること。

12. 仲の良いクラスメートと隣同士で昼食をとれるようにすること。

13. トイレ休憩の時間をスケジュールに入れておくこと。子どもと仲の良いクラスメートが一緒にトイレに行けるようにする。

14. 普段と異なる状況（代理の教員による授業）や，特別な集団活動（代理授業，消防訓練，時間割の変更，社会見学など）に備えられるように事前に伝えられることは伝えておくよう配慮する。また，すべての代理の教員に，その子どもの座席位置を知らせておくこと。

15. 子どもと何らかのかかわりをもつことが予想されるすべての大人（担任以外の教職員）に，現在行っている介入や取り組みについて知らせておくこと。

16. 担任は，子どもと（可能であれば仲の良いクラスメートも含めて），始業前や放課後，あるいは昼食の時間に，個別に関係性を築くための時間をもつとよい。こうすることで，子どもが快適に過ごせる時間を増やし，コミュニケーションをとる機会を増やすことにつながる。

17. 新学年が始まる前に，担任と子どもが話す機会をもつと良い。こうすることで，子どもへの働きかけ方を前もって知ることができる。また，学年が変わる前にも新担任と会う機会を設けることで，新担任との関係性を構築する足掛かりとすることができる。学校公開日の活動はグループで行われることが多いため，子どもにとって不安を喚起させてしまうかもしれない。よって，可能であれば，学校公開日には，担任，子ども，保護者，キーワーカーだけでリラックスした楽しい時間がどこかで少しでも持てるとよい。

18. 子どもと一緒にその保護者や家族は，学校の休業時間（授業前の時間や放課後，夏休み）に学校に来てもよいことにするとよい。子どもは保護者と一緒の時に，学校で安心した時間を過ごし，クラスメートや教師と話しをする機会になるかもしれないからである。

19. もし子どもが，学外で公認心理師・臨床心理士のカウンセリングを受けているなら，「ブレイブワーク」を学校環境に般化させるために，その公認心理師・臨床心理士を学校でのセッションに招くことを検討するのもよい。最低でも，その公認心理師・臨床心理士に，学内でのミーティングに参加してもらうべきである。

20. 進級するにあたって，子どもは仲の良い友人，特に会話が可能な友人と同じクラスへ配置するのが望ましい。また，子どもは，治療介入チームと保護者の考えを受け入れてくれる教員のクラスに入れるべきである。

21. キーワーカーは，コンサルテーションを受けたり，ワークショップに出席して緘黙に対応するためのトレーニングを継続的に受けることが望ましい。

22. キーワーカーは，担任や学校職員に対する教育のために，場面緘黙についての教育的資料を準備しておく。

23. 学校は，支援の進捗状況についての報告および打ち合わせのために，年4回程度，保護者との面談日を設けるのが望ましい。

24. 子どもの状態像の検討や理解のために書籍やインターネット上にある教師や専門家，保護者のための最新情報が掲載されているので最大限に活用すること。特に，介入の主体となるキーワーカーや担任の教師は，場面緘黙の概念や介入プランの詳細について，しっかり理解しておくことを推奨する。

監訳者あとがき

本書の訳出にあたって

　本書は，アメリカで実践家として活躍するエイミー・コトルバ博士（AIMEE KOTRBA, Phd）の『*Selective Mutism —— An assesment and intervention guide for therapists, educaters & parents*』の全訳である。

　近年，本邦でも緘黙に関する書籍の翻訳が相次いでいる。監訳者も多くの海外の書籍を取り寄せ，論文を読み見識を深めてきた。そんな中で，大学教授でもなく，論文も書いておらず，あまり有名ではないのかもしれないけれども，机上の研究とは明らかに異なる書籍を発見した。それが本書である。数多くの臨床実践に基づいていることが分かる地に足のついた現実的で明確な記述に惹きつけられ一気に読みあげた。これは日本の多くの関係者にも読んでもらう価値があると思ったのが翻訳企画の始まりである。本書からまず感じられたのは，その詳細で分かりやすい治療方法の提示だけではなく，著者が確実に優秀なマスターセラピストであるということであった。なぜそんなことが分かるのか。監訳者は大学に所属しているものの，過去20年以上に渡って，継続的に週に約20セッションを行う臨床家だからである。場面緘黙のセラピーも現在進行形で複数行っている。実践を積んでいる臨床家は，そのセラピストがどの程度臨床をしているか，そしてどの程度の実力があるのかがよく分かる。そして，実践的な臨床家は一つの技法にこだわらない。変化を促し，成果を出すためには使えるものはどんな技法も使う。エイミーは，オーソドックスな行動療法を中心に据えながら，親子相互交流療法（PCIT），動機づけ面接法，マインドフルネストレーニングなど最近のエビデンスのある技法などを多く援用している（監訳者はそれらに加え，EMDRやNLP，システムズアプローチも用いる）。節操がないなどということなかれ。それぞれ違う特性を持つ一人ひとりの子どもの支援において，一つの技法だけで押し切るには限界がある。そこが信用できるのだ。常に知識や技法，スキルをアップデートし研鑽し続けるのが，多様化する問題に対応する現代の臨床家の努めだと思うからである。

　今回，著者のエイミーのようなマスターセラピストを目指して研究会などで日々研鑽を重ねている，青柳宏亮氏をはじめ，信頼できる臨床家の仲間た

ち3人と一緒に翻訳できたことはこの上ない幸せである。そして，初めての翻訳にもかかわらず，快く依頼を受け入れて下さった遠見書房の山内社長に心より感謝したい。

勇気をもつということ

ところで，若い方は知らないかもしれないが，その昔『天才たけしの元気が出るテレビ！！』というバラエティ番組があった。当時ですらコンプライアンスギリギリの過激な多くのコーナーの中に，ひっそりとほっこりするようなコーナーが織り込まれていた。ＭＣビートたけしのもつ優しさというもう一つの顔がここにある。「勇気を出して初めての告白」はその中でも印象深いコーナーであった。好きな相手に告白する。なかなかできることではない。高田純次らメンバーたちが笑いを交えながら，若者の告白を応援するというのがこのコーナーの主旨であった。

何事も勇気を出さなくては始まらない。ビートたけし自身もそうであった。人情に熱いたけしが，師匠である深見千三郎と修行した浅草を捨て，師匠が忌み嫌うテレビの世界に進出するという決断は，相当勇気のいることだったに違いない。その後，たけしは師匠と何年もの間会うことはなかった。売れっ子になってしばらく経った頃，たけしは（おそらく）勇気を出して久しぶりに師匠に会いに行くのであるが，皮肉なことにその後まもなく師匠は煙草の不始末による火災で亡くなってしまう。残酷な結末であった。しかし，たけしの起こした勇気は，大切なものを失うとともに，その後の世界的名誉と活躍へと繋がっていく。それが現在の「世界のキタノ」なのである。監訳をしながらはじめに連想したのが「勇気を出して初めての告白」コーナーと，このたけしさんのエピソードであった。子どもの頃から憧れの存在だった勇敢でかっこいいたけしさんの中に，本当は強さや勇気からはほど遠い，恥かしがりやで律儀で臆病な人という印象をずっと抱いてきたからだろうか。誤解して欲しくはないが，緘黙の子どもたちのもつ特性となんだか少し似ているような気がするのである。

本書における最重要キーワードは，「勇気」である。「勇気」をもって一歩踏み出すこと，そして変わっていくことには痛みと苦しみを伴う。だからできる限り現状を維持したい。誰だってそうだろう。しかし，勇気の先に待っているのは，たけしさんと同じようにより成長した自分の姿と，自分の理想

とする世界かもしれない。

「ブレイブワーク」による支援

　しかし，それを実現するためにはどうしたらよいのだろうか。緘黙を抱える子どもたちが，不安や緊張を可能な限り感じることなく，安全にそして自信をもって，無理強いされることなく，「勇気を出して初めての発話」を行う。緘黙の子どもの心の中に勇気へとつながる確かな土台をどのように作り上げ，勇気を出して発話することを，高田純次のようにどう応援したらよいのか。本書では，最終目標に向かって段階的に「勇気をもって」取り組んでいくワークや課題，プログラムを「ブレイブワーク」と呼んでいる。私たちも，原語のまま「ブレイブワーク」と訳すことした。

　少しの勇気がこれまでの自分を変える！　未来を変える！　生きる世界を変える！　それは緘黙の子どもたちに限ったことではない。私たち皆に当てはまることであろう。そこに至るプロセスに寄り添い，支えるのが援助者である私たちの役割である。主人公はあくまでも子どもたち本人だ。

　主人公となる緘黙の子どもたちの勇気と発話を支え，導いていくその具体的方略を著者エイミーは包み隠すことなくその全てを詳らかにしていく。まさしく道標。道なき道を切り開くことはとても難しい。エイミーは自らがこれまで切り開いてきたロードマップを惜しげもなく展開していく。臨床家として実際に多くの子どもと家族を支援してきたからであろう。そこには緘黙の子どもたちへの敬意と慈しみにあふれている。いかにも欧米人らしい「ブレイブワーク」という仰々しいワードに惑わされないで欲しい。紹介されているさまざまな働きかけは，極めて細やかで丁寧であり，実に分かりやすい。しかも，繊細な優しさと思いやりに満ちている。決して無理強いすることなく，自然な流れの中で，子どもの発話を促していることが伝わってくる。

「理解ある風」な大人がもたらす弊害という視点

　本書でもう一つ強調されているのは，一見「理解ある風」な大人たちが行いがちな，緘黙の子どもたちに対する「無理して話さなくてもいいんだよ」という慰めや，「〜って言いたいんだよね」などと代弁してあげるような配慮や救済が，決して子どもたちのためにはなっていない，否，この配慮こそが，逆に子どもたちを苦しませ，緘黙をより深刻にし，長期化させる最大の

原因であるという鋭すぎる指摘である。このような配慮は，不安な状況に陥っている子どもと接した際に示す人間の本能的な思いやりと優しさの表れであるのは確かであるが，緘黙児にとっては，これこそが問題の元凶であると説いていく。そこにはこれまでの実践と成果に基づいた自信からくる十分な説得力があり反論することが難しい。「灯台下暗し」とはまさしくこのことをいうのだろう。監訳者も何となく感じてはいたものの，意識化できていなかったため，目から鱗であった。

日本の学校環境での支援実践の可能性

　本書で示されているアメリカの学校のように，日本の学校にはスクールカウンセラー以外の専門家がいないのが現状である。本書では支援チームを作り，学校で中心となって専門的に積極的に緘黙児とかかわるキーワーカーが必要だとも述べられている。週3回15分ブレイブワークを実施することが必要最低条件ともいう。そんなことが果たして現在の日本の学校で可能であろうか。実は，本書の中でも，専門家たちはみな忙しい，特別支援にかかわるスタッフが減らされている，担任の先生にはその役割を担うことは難しいなどと書かれているので，現実にはアメリカでも難しい設定なのではないかと考えられる。週3回15分とまではいかなくとも，可能な限り，特定の担当者がキーワーカーになって，一貫性をもって本書に示された方法を実施できれば十分と考えれば，日本の現状でもある程度実践可能なのではなかろうか。現実的には，養護教諭，スクールカウンセラー（東京都の多くでは都と各自治体から計2名，週3回配置されている地域も多い），特別支援教育に関する支援員などがキーワーカーになり得る可能性があると考えられる。また，（特別）支援教室への学校内通級も開始されているため，通級が認められている子どもの場合は，（特別）支援教室の巡回指導担当の先生とのかかわりの中でブレイブワークが実施できないだろうか。もしもキーワーカーになってしまったら，きっと心配，不安，責任感を感じられることが予想されるが，あまり負担に思わず，本書に書かれている課題やワークに淡々と取り組めば良いと思っている。緘黙児たちは話さないだけで，人からかかわられることは好きである。一対一で，やることが明確に示され，簡単にできることから始めれば，真面目な性格も相まって，意外とすんなりと取り組んでくれるかもしれない。いや，本書のやり方に従いさえすれば，きっと取り組んで

くれるはずである。

学校外の心理相談室の果たす役割と監訳者の実践

　本書でも示されるように緘黙児の対応において，学校外の心理相談室など
における公認心理師・臨床心理士が果たす役割は大きい。これまで教育相談
室やクリニックなどで緘黙の対応に窮していた心理師にとって，子ども本人
のみならず，保護者，学校に対して具体的になにをどうすれば良いかが本書
にははっきりと示されている。ここまではっきりと書かれている類書は今ま
でのところないだろう。そして是非お願いしたいのは，緘黙児の治療にあた
っては，いくら寄って立つ理論的・技法的バックグラウンドが違っていたと
しても，行動療法に毛嫌いせず取り組んで頂きたい。もしもできないのであ
れば行動療法を行える心理師にリファーして頂きたい。監訳者ももともとは
（今も）人間学的心理療法をベースに折衷的な立場で臨床を続けてきた。20
年程前，緘黙の子どもを初めて担当した時，これはオーソドックスなプレイ
セラピーや箱庭療法に効果はないと直観した。自己抑制している子どもに対
して，さあどうぞ自由にと心を開かせようとするアプローチは逆効果だと
考え，行動療法をベースにした独自のアプローチを考案し，試行錯誤しなが
ら実践を始めた。それ以来，開業している心理相談室を中心に 30 名以上の
緘黙児の治療を行ってきた。初めて出会った緘黙児以外，自分が子どもを担
当した事例では，初回の時点で全員の声を直接聞いている。それだけではな
く，全員学校での発話まで般化させている。10 年以上，外で話さない子ども
たちも稀ではないので，絶対に「話しっこない」と嵩をくくっていた保護者
が驚きのあまり嗚咽し涙を流す，そんな場面に何度も立ち会ってきた。エイ
ミーも全く同じことを述べているのである。現在，ほぼ確立されつつある監
訳者の行動療法を主体としたアプローチは，エイミーが紹介しているアプロ
ーチと大筋では全く変わらない。学校への説明のためのフォーマットからワ
ークで使っているボードゲームまで一緒となるとさすがに震えが走る（しか
し，本書で紹介されていない日本人に向いたより良いボードゲームやカード
ゲームも沢山ある）。緘黙児の特徴を捉え，堅実に臨床実践を繰り返していく
と，たどり着く先は一緒なのだろう。また，治療における基本的方針は一緒
でも，それぞれの子どもに応じてオーダーメイドに対応すべきとする姿勢も
一致している。機械的にプログラムを当てはめるのでは決してない。血の通

った尊い一人ひとりの子どもの心を扱っているという敬虔さを私たちは決して忘れてはいけない。

保護者の果たすべき大きな役割

本書では，保護者や家族が緘黙児の中心的な援助者として役割を果たすことが強調されている。一番大切なのは，先に示したような「理解ある風」の大人にはなってはいけないということである。配慮や救済としての代弁や慰めが子どもの緘黙を強化しているからである。とても苦しいことかもしれないが，これは紛れもない事実である。ただし，それは緘黙の子どもとの関係性において習慣としてお互いに学習しあった結果であり，決してお父さんやお母さんの性格の問題でも，子育てやしつけの問題でもないということであることを是非理解して欲しい。親御さんもお子さんも何も悪くないのである。

また，緘黙があるわが子に対して，何をどうしたらよいのかわからなかった親御さん，何とかしてあげたいと思って，病院や心理相談室に足を運んだのに，「様子を診ましょう，そのうち治りますよ」とか「プレイセラピーを通して心を開けばきっとよくなりますよ」などと言われたのに一向によくなる気配がなく何年も（あるいは十数年も）経ち，路頭に迷っている親御さんにとって，本書は確実に役立つはずである。本書に従い対応しながら，可能であれば行動療法に詳しい専門家のサポートを受けることをお勧めする。家から一歩出るとすぐに黙り込むわが子，親戚や近所の人から声を掛けられても，親の陰に隠れて挨拶や返事すらできなかった子どもたちの発話を確実に促すことができることだろう。

最後に

治療によって，学校や外で自由に話せるようになった子どもたちは，まるで人が変わったように生き生きとしている。緘黙児は，頑固で反抗的だと思われてきた長い歴史があるが（本書でもそれは完全に否定されている），そんなことは全くもって事実無根である。単に不安に飲み込まれ身動きが取れない苦しみの中でもがいているだけなのである。緘黙児たちの多くは，ユーモアにあふれ，楽しいことが大好きな，とても面白い子どもたちである。「家では一番のムードメーカーでとっても面白い子なんですよ」という母親の言葉は本当なのである。そんな本当の姿に多くの心理師や学校の先生たちに是非

出会って欲しい。

　だから本書を信じて欲しい。子どもたちのもつ力を信じて欲しい。本書に書かれている具体的で詳細なアプローチに積極的に取り組んで頂きたい。信じて諦めずに取り組む大人側の「勇気」がまずは必要だ。大人の「勇気」が必ずや，子どもを「勇気」へと駆り立て，最後には満面の笑みへと導くことであろう。

平成最後の師走に　　丹　　明彦

文　献

本書におけるフォーマットやワークシート，　治療手続きガイドラインの PDF は，以下の WEB サイトからダウンロード可能である。go.pesi.com/SlectiveMutism

American Psychiatric Association. (2013). *Diagnostic and Statistical Manual of Mental Disorders, 5th ed.* Arlington, VA: American Psychiatric Publishing.

American Speech-Language-Hearing Association, （n. d.）. *Acquiring English as a　Second Language.* Retrieved May 1, 2014, from http://www.asha.0rg/public/speech/development/easl.htm#sthash.MfUS4JQf.dpuf:

Barnett, D., Bauer, A., Bell, S., Elliott, N., Haski, H., Barkley, E., et al. (2007). Preschool Intervention Scripts: Lessons from 20 Years of Research and Practice. *The Journal of Speech-Language Pathology and Applied Behavior Analysis, 2,* 158-181.

Beidel, D. C. (1996). Assessment of childhood social phobia: Construct, convergent, and discriminative validity of the Social Phobia and Anxiety Inventory for Children (SPAI-C). *Psychological Assessment, 8*(3), 235-240.

Bergman, R. L., Piacentini, J., McCracken, J. T. (2002). Prevalence and description of selective mutism in a school-based sample. *Journal of the American Academy of Child and Adolescent Psychiatry,* 938-946.

Bergman, R. L., Gonzoles, A., Piacentini, J., (2013). Integrated Behavior Therapy for selective mutism: A randomized controlled pilot study. *Behavior Research and Therapy, 51,* 680-689.

Blum, N., Kell, R., Starr, H., Lender, W., Bradley-Klug, K., Osborne, M., et al. (1998). Case study: audio feedforward treatment of selective mutism. *Journal of the American Academy of Child and Adolescent Psychiatry, 37*(1), 40-43.

Blumberg, S. B. (2013). Changes in parent-reported prevalence of autism spectrum disorder in school- aged US children: 2007 to 2011-2012. *National Health Statistics Reports, 65,* 1-12.

Chavira, D. A. , Shipon-Blum, E., Stein, M. B. (2007). Selective mutism and social anxiety disorder: All in the family?　*Journal of the American Academy of Child and Adolescent Psychiatry, 46*(11), 1464-1472.

Cohan, SL., Chavira, D. A., Shipon-Blum, E., Hitchcock, C., Roesch, S. C., & Stein, M. B. (2008). Refining the classification of children with selective mutism: A latent profile analysis. *Journal of Clinical Child and Adolescent Psychology, 37*(4), 770-784.

Davis, M. (1992). The role of the amygdala in fear and anxiety. *Annual Review of Neuroscience, 75*(1), 353-375.

Dunn Buron, K. (2007). *A 5 Could Make Me Lose Control! An Activity-based Method for Evaluating and Supporting Highly Anxious Students.* Lenexa: Autism Aspergers Publishing Company. Lenexa: KS.

Garcia, A. M. (2004). Selective mutism. In: *Phobic and Anxiety Disorders in Children and*

Adolescents: A Clinicians Guide to Psychosocial and Pharmacological Interventions (pp. 433-456). New York: Oxford University Press.

Grice, K. (2002). Eligibility under IDEA for other health impaired children. *School Law Bulletin*, 8-12.

Head Start. (2006). Policy and Regulations for Eligibility Criteria: Speech and Language Impairments. Retrieved December 20, 2013, from Head Start: http://eclkc.ohs.act.hhs. gov/hslc/standards/Head% 20Start% 20Requirements/1308/1308.9% 20% 20Eligibil ity% 20criteria_% 20Speech% 20or% 20language% 20impairments..htm

Kearney, C. A. & Vecchio, J. (2006). Functional analysis and treatment of selective mutism in children. *Journal of Speech-Language Pathology and Applied Behavioral Analysis*, 1(2), 141-148.

Klein, E. R., Armstrong, S. L., Shipon-Blum, E. (2013). Assessing spoken language competence in children with selective mutism: Using parents as test presenters. *Communications Disorders Quarterly*, 34(3), 1-12.

Koeppen, A. S. (1974). Relaxation training for children. *Elementary School Guidance and Counseling*, 9(1), 14-21.

Krysanski, V. L. (2003). A brief review of selective mutism literature. *Journal of Psychology* 137(1), 29-40.

Kumpulainen, K. (2002). Phenomenology and treatment of selective mutism. *CNS Drugs*, 16(3), 175-180.

Kurtz, S. (2011, October). Treating professionals guide to the functional behavioral assessment of selective mutism. *Presented at the Selective Mutism Group Conference*. New York, NY.

Kurtz, S. (2013, October). Intensive treatment of selective mutism. *Presented at the Selective Mutism Group Annual Conference*. Berkeley, CA.

Kussmaul, A. (1877). *Die Stoerungen der Sprache [Disturbances in linguistic function]*. Basel, Switzerland: Benno Schwabe.

Lynas, C. (2012, October). I want to face my fears: How parents can promote change in their child with selective mutism. *Presented at the Selective Mutism Group Annual Conference*. Berkeley, CA.

Matzner, F. Silva, R., Silvan, M., Chowdhury M., Nastasi, L. (1997, May). Preliminary test-retest reliability of the KID-SCID. *Presented at the Scientific Proceedings of American Psychiatric Association Meeting*. San Diego, CA.

McNeil, C. & Hembree-Kigin, T. L. (2011). *Parent-Child Interaction Therapy (Issues in Clinical Child Psychology)*. New York: Springer.

Muchnik, C., Ari-Even Roth, D., Hildesheimer, M., Aric, M., Bar-Haim, Y., Henkin, Y. (2013). Abnormalities in auditory efferent activities in children with selective mutism. *Audiology and Neurotology*, 18(6), 353-361.

Oerbcck, B., Stein, M., Wentzel-Larsen, T., Langsrud, O. , Kristensen, H. (2013). A randomized controlled trial of a home and school-based intervention for selective mutism-defocused communication and behavioral techniques. *Child and Adolescent Mental Health*. DOI; 10.1111/camh.12045.

Pearson Education. (n.d.). *Pearsons: Clinical Assessment*. Retrieved July 17, 2012, from

Pearsons Website: http://www.pcarsonassessments.com/HAIWEB/Cultures/en-us/Productclei:ail.htm?Pid=0158036603

Pionek Stone, B., Kratochwill, T., Sladezcek, I., Serlin, D. C. (2002). Treatment of selective mutism: A best-evidence synthesis. *School Psychology Quarterly, 77*(2), 168-190.

Reynolds, C. R., Kamphaus, R. W. (2004). *BASC-2: Behavior Assessment System for Children, 2nd Edition Manual.* Circle Pines, MN: AGS Publishing.

Rohrer, D., Taylor, K., Pashler, H., Cepcda, N. J., Wixted, J. T. (2005). The effect of overlearning on lone-term retention. *Applied Cognitive Psychology, 19*, 361-374.

Rollnick, S. & Miller, W. R. (1995). What is motivational interviewing? *Behavioral and Cognitive Psychotherapy, 23*, 325-334.

Schill, M. T., Kratochwill, T. R., Gardner, W. I. (1996). An assessment protocol for selective mutism: Analogue assessment using parents as facilitators. *Journal of School Psychology, 34*(1), 1-21.

Schultz, E. (2014, April). Program Evaluation of Group Therapy for selective mutism. *Masters Thesis Defense.* Dearborn, MI, USA: University of Michigan-Dearborn.

Schwartz, R. H., Freedy, A. S., Sheridan, M. J. (2006). Selective mutism: Are primary care physicians missing the silence? *Clinical Pediatrics, 45*(1), 43-48.

Sharoni, M. (2012). Selective mutism. *The Israeli Journal of Pediatrics, 79*, 18-21.

Shipon-Blum, E. (2003). *The Ideal Classroom Setting for the Selectively Mute Child.* Philadelphia, PA: SMart Center Publications.

Shriver, M. D., Segool, N., Gortmaker, V. (2011). Behavior Observations for Linking Assessment to Treatment of selective mutism. *Education and Treatment of children, 34*(3), 389-411.

Steinhausen, H. C., Wachter, M., Laimbock, K., Metzke, C. W. (2005). A long-term outcome study of selective mutism in childhood. *Journal of Child Psychology and Psychiatry, 47*(7), 751-756.

Vecchio, J., Kearney, C. A. (2009). Treating youths with selective mutism with an alternating design of exposure-based practice and contingency management. *Behavior Therapy, 40*(4), 380-392.

Yeganeh, R., Bddel, D. C., Turner, S. M., Pina, A. A., Silverman, W. K. (2003). Clinical distinctions between selective mutism and social phobia: An investigation of childhood psychopathology. *Journal of the American Academy of Child and Adolescent Psychiatry, 42*(9), 1069-1075.

索　引

A〜Z

Autism Diagnostic Observation Schedule (ADOS) 53, 54

Behavioral Assessment System for Children (BASC) 50

Multidimensional Anxiety Scale for Children (MASC) (Pearson Education) 50

PCIT → 親子相互交流療法

PRIDE スキル 64-66

Screen for Childhood Anxiety Related Emotional Disorders (SCARED) 50

Section 504 Plan 144, 148

Selective Mutism-Stages of Communication Comfort Scale (SM-SCCS) 49 169, 175

Selective Mutism Questionnaire (SMQ) 49, 150

Social Phobia and Anxiety Inventory for Children (SPAI-C) 50

The KID-SCID (childhood disorders version of the Structured Clinical Interview for DSM-IV) 50

あ行

アイコンタクト 16, 17, 28, 31, 32, 56, 87, 111, 124, 137, 173, 194

アクティビティ 112

アサーティブ 40

アセスメント 9, 12, 15, 20, 29, 47, 51, 52, 54-56, 73, 83, 130, 146, 172, 194, 209

新しい場所 82-86, 88, 89, 96, 104, 113-115, 160

新しい人 82, 83, 85-89, 96, 104, 105, 111, 160, 181, 182

暗黙のルール 41

意見書 145, 146, 169, 193

移行期の声 125-127

遺伝的影響 22

遺伝的素因 22, 35, 40

意図的な自己防衛 26

意図的な反抗 26

遺尿症 16

意味（論） 3, 17, 22, 37, 40, 77, 116, 130, 135, 146, 152, 159, 179

移民 19

ウォーミングアップ 64, 87, 97, 111, 119, 120, 139, 140, 143, 181

うなずき 14, 59, 75, 92, 99, 111, 112

エクスポージャー 44, 45, 81, 90, 114, 120

エスニック・マイノリティ 19

エビデンス 25, 26, 64, 120, 129, 197

親子相互交流療法（PCIT） 63, 64, 126, 197

音韻（論） 17

音声の生成 55

か行

外在化障害 15

外傷的体験 24-26

介入早期群 81

介入遅延群 81

回避 19-22, 26, 28, 29, 36-40, 42, 43, 45, 55, 58-61, 65, 71, 96, 99, 100, 102, 103, 117, 125, 134, 137

　―行動 19, 37, 45, 58, 99, 100-102

　―行動の消去 99, 100, 102

　―性パーソナリティ障害 43

　―のサイクル 71

　―パターン 39, 40, 45, 61

　―反応 28, 39

　―メカニズム 37

課外活動 11, 23, 43, 110, 112, 116, 154, 172

学業的影響 43, 145

過剰学習 156
家族・親戚や家族ぐるみの友人とのやりとり 114
頑なに話すことを拒む子ども 128
学校心理士 55, 60, 61
学校における場面緘黙児への介入と環境調整の手続きとガイドライン 169, 194
学校への意見書フォーマット 193
学校へのコンサルテーション 107
環境調整 38, 119, 121, 148, 169, 193, 194
環境要因 47
緘動 29, 111
鑑別診断 32, 47
緘黙の進行 25
緘黙のタイプ別介入方法 83
関連・併存疾患（障害）の除外 47
キーワーカー 58, 60-63, 66, 79, 85, 91, 103-107, 109, 117, 118, 120, 121, 125, 143-145, 148, 150, 181, 189, 193-196, 200
吃音 13, 126, 127
機能的行動分析 52, 169, 178
虐待 24, 33, 64
キャンプ 30, 32, 121, 122, 143
救済 36-38, 40, 58, 59, 199, 202
救済的行動 37
教育的評価 53
強化 34-37, 50, 52, 59, 60, 65, 75-80, 82, 84, 90, 99, 103, 117, 126, 127, 134, 194, 202
　後続―の除去 34
　正の― 34, 78
　負の― 34-37, 59
きょうだい 22, 36, 39, 40, 50, 58-61, 64, 104, 115, 176, 177, 185
強迫性障害 16, 22, 45, 50
恐怖症 16, 43, 45, 50, 81
緊張 16, 22, 28, 51, 66, 141, 142, 149, 161-163, 165, 166, 173, 199
筋肉の緊張 28, 161, 173
首ふり 59, 75, 92, 99, 111, 112
クラスメイトとの家遊び 110, 112

グループ活動 11, 27, 38, 40, 42, 121, 144, 145, 150, 193
グループディスカッション 42
計画的練習 115
ゲームやワークのリスト 92
嫌悪刺激 37
言語
　―障害 13, 53, 146, 147, 170
　―聴覚士 18, 20, 32, 33, 54-56, 60-62
　―的（ときには非言語的）コミュニケーション 13, 28
　―的コミュニケーション 13-16, 18, 22, 35, 37, 50, 59, 64, 65, 73, 77, 81, 91, 112, 125, 129, 134, 175
　非―的コミュニケーション 14, 16, 38, 59, 64, 77, 91, 112, 125, 129, 134, 175
　―的コミュニケーションの回避 37
　―的反応への強化 77
　―的問題 35
　―表出 17, 21, 124
　―表出能力 17
　―表出の量 17
　―理解 17, 18, 55
　表出― 30, 55
行為障害 64
口腔運動検査 53
攻撃 28, 29
攻撃（反抗）行動 28
構造化観察 51
　学校における― 51
　家庭における― 51
構造化行動観察 50, 169, 176
行動
　―観察 41, 50-52, 56, 99, 150, 169, 176
　―主義 34-36
　―的影響 43
　―的介入技法 160
　―の強化と罰 34
　―描写 64, 66
　―分析学者 60, 61
　―療法 20, 58, 60, 62, 78, 81, 121,

122, 143, 151, 153, 159, 167, 168, 194, 197, 201, 202
　—療法的介入　60, 81, 121, 194
好発時期　21
合理的配慮　144, 145
声の音量を上げる　127
コーピングスキル　23, 116, 121
コーピングスタイル　58
呼吸数　28
語形（論）　55, 146
子どもの発話量を増やす　128
個別指導計画　144
コミュニケーション障害　14, 53, 54, 146, 170
コミュニケーションのはしご　72, 73, 90-92, 96-99, 102, 105, 106, 120, 135, 139, 148, 169, 183
語用（論）　17, 146
コンサルテーション　62, 107, 109, 195

　　さ行
ささやき声　38, 48, 77, 79, 84, 125-128, 175, 179, 181, 189
シェイピング　58, 82, 83, 85, 90, 99, 103-105, 117, 121, 152, 181, 182, 194
ジェスチャー　48, 52, 74, 92, 105, 118, 119, 127, 175-177
刺激フェーディング　58, 82-90, 103-105, 117, 121, 127, 139, 148, 169, 181, 182, 194
　新しい場所への—　83, 88
　新しい人への—　83, 87
　音声録音を介した—　89
　—の手続きガイドライン　169, 181
思考速度の上昇　28
自己効力感　27, 45
自己防衛　26, 39, 191
自信を高める　154
自信をもてるようになる　12
自尊感情　27
実用言語　55
自発的な発話　106, 121

自閉症スペクトラム　13, 14, 32, 53, 64, 157
社会性の獲得　12
社会性の促進　110
社会的影響　43
社会的活動への参加　12
尺度評定　47
社交不安　15, 16, 18, 20-24, 29, 43, 45, 50, 106, 124, 153
社交不安障害　16, 22, 45
集中的グループ治療（キャンプ療法）　121
集中的治療　119, 120, 121, 122
受容言語　30, 55
受容的で養育的な環境　139
馴化　23
症状のぶり返し　143
情緒障害　14, 147, 170
情報共有　60, 61, 107
新奇場面　51
親戚や家族ぐるみの友人とのやりとり　110, 114
身体的反応　28
診断面接　47, 48, 50, 83, 99, 169, 170
心的外傷後ストレス障害（PTSD）　25, 45
心拍数　28, 166
信頼関係　58, 62-64, 66, 67, 99, 123, 129, 134
信頼関係の形成　58, 63, 64, 66, 134
心理・教育的評価　53
心理学的アセスメント　47
心理教育　58, 67-70, 73
随意的失語症　24
随伴性マネジメント　74, 75, 78, 83, 84
スクールカウンセラー　60, 61, 193, 200
スクリプト　66, 96, 149, 152, 155-157, 161
すべきでないこと　134
スペシャルタイム　63, 64, 66
精神科看護師　54
精神疾患の診断・統計マニュアル（DSM-5）　21
性的虐待　33
性別差による有病率　15

索　引

セルフコントロール　157-159
セルフモデリング　119
漸進的筋弛緩法　160, 161
漸進的筋弛緩法スクリプト　161
選択式の質問　51, 75, 76, 87, 88, 104,
　　117, 124, 137, 140, 142, 149, 152,
　　177, 181, 191
全般性不安障害　16, 22, 43, 45, 50
早期介入　12, 44, 45, 167
早期かつ効果的な介入　44
ソーシャル・ストーリー　96, 157
ソーシャルスキル　96, 155-157, 174
ソーシャルスキルトレーニング　155-157
ソーシャルワーカー　54, 60-62

た行

代替プラン　108
第二言語　19, 20
代弁　36, 37, 58, 116, 141, 147, 199, 202
脱感作　81, 82, 120, 148, 150
チームラーニング　42
チェンジトーク　130, 131
知的機能の評価　53
知能検査　55
中耳筋反射　18
聴覚機能の微妙な異常　18
聴覚機能の評価　53
聴覚的処理の弱さ　35
治療チーム　55, 58-60, 63, 103, 107, 109
丁寧語　40, 137
トイレの使用　16, 26
動機づけ　26, 32, 48, 71, 81, 91, 92, 99,
　　128-131, 133, 134, 179, 192, 197
動機づけ面接法　129, 133, 197
統語（論）17, 18, 146
闘争・逃走反応　22, 28, 36, 39
投薬治療　20
トークンエコノミー法　77, 78
特別支援教育　49, 61, 144, 146-148, 170,
　　200
閉じられた質問　51, 59, 75, 76

な行

内在化障害　15
内発的動機づけ　71, 129
二面性　31
認知
　　―行動療法　20, 62, 121, 151, 153
　　―的介入　151-153
　　―的技法　151
　　―的再構成法　153
ネガティブな思考　151, 152
ネグレクト　24
脳機能に異常　22
脳のトリック　70, 73

は行

パートナーリーディング　42
バイオフィードバック　166
バイリンガル　19
恥ずかしがり　15, 25, 30-32, 37, 191
罰　25, 27, 34, 36, 194
発音　17, 19, 55, 94, 173, 174
発症年齢　15
発話
　　―／言語評価　53
　　―の遅れ　32
　　―の回避　26, 42, 59, 99
　　―への動機づけ　26, 32, 92, 131
　　―を回避する行動　37, 39
パニック発作　23
場面緘黙
　　―の応答連鎖　126
　　―の3タイプ　29
　　―の発達の概念化　30
般化　60, 84, 91, 103-105, 110, 115, 119,
　　148, 149, 195, 201
反抗的態度　39
反抗的な行動　29
反射　18, 64-66, 76, 87, 133, 134, 176,
　　181
非合理的思考　151
ビデオフィードフォワード（法）89, 118
評定尺度　48, 50
評定スケール　48

開かれた質問　51, 75, 131, 137, 140
不安
　—障害　13, 15, 16, 22, 27, 43, 45, 49,
　　50, 53, 54, 62, 73, 121, 139, 141,
　　191, 193, 209
　—に対する心理教育　67
　—についての心理教育　58
　—の遺伝的素因　35
　—へのコーピング　23
　—へのコーピングスキル　23
腹式呼吸　160, 161
ブレイブ
　—スキル　60
　—チャート　154
　—ワーク　28, 29, 60, 62, 68, 69, 71-73,
　　77, 78, 97, 103-105, 106-110,
　　115-117, 143, 145, 169, 189, 190,
　　194, 195, 199, 200
プレゼンテーション　42, 157
プロンプト　100-102, 106, 108, 176, 177
変化に抵抗する子ども　133
変化へのレディネスものさし　130
扁桃体　22, 28
変な声　18, 19
報酬　34, 74, 77-80, 91, 99, 100
　—が与えられない例外事項　77
　—による強化　77-79

　　ま行
マインドフルネス　160, 161, 197
マインドフルネス・トレーニング　160
明瞭性　55
モデリング　23, 40, 119, 121

　　や行
ヤーキーズ・ドットソンの法則　156
勇気のサイクル　71, 72
有病率　14, 15, 17
様子を見守るというアプローチ　45
予後　43, 44, 116
予測可能性　157

　　ら行
流暢性　17, 18, 55, 146, 174
リラクセーション　160, 161, 166
リラクセーションの記録　166
ロールプレイ　16, 66, 95, 96, 107, 108,
　　152, 155-157

著者紹介
著者　Aimee Kotrba, Ph. D　（エイミー・コトルバ博士）
場面緘黙と社交不安のアセスメントと治療を専門とする臨床心理学博士。アメリカ合衆国ミシガン州ブライトンにおいて，場面緘黙やその他の不安障害をもつ子どもに特化した効果的な治療を行うクリニックである Thriving Minds Behavioral Clinic を運営しながら，心理師の養成も行っている。
現在，Selective Mutism Group（SMG）の理事長であり，地元の場面緘黙児の保護者支援グループを主宰しながら専門家としても参加している。彼女の活動は，*Livingston County Parent Journal* や *MetroParent Magazine* など，多数のメディアで取り上げられている。保護者，専門家，学校関係者向けの場面緘黙の理解と治療に関して，地元，アメリカ国内に留まらず，国際的なワークショップなどからも多くの依頼を受ける講演者として全国的に知られている。

監訳者
丹　明彦（たん・あきひこ）
すぎなみ心理発達研究センター・ほっとカウンセリングサポート代表。元目白大学人間学部心理カウンセリング学科・大学院心理学研究科・准教授
東京学芸大学教育学部障害児教育学科卒業・東京学芸大学大学院教育学研究科臨床心理学専攻修了。臨床心理士・公認心理師。

訳者
青柳宏亮（あおやぎ・こうすけ）（第2，3，4，5章，付録資料　担当）
横須賀市児童相談所・児童心理司
文教大学人間学部臨床心理学科卒業・目白大学大学大学院心理学研究科臨床心理学専攻修了，同大学院博士後期課程。臨床心理士。

宮本奈緒子（みやもと・なおこ）（第6章　担当）
相模原市立青少年相談センター・青少年教育カウンセラー
昭和女子大学文学部英米文学科卒業・目白大学大学大学院心理学研究科臨床心理学専攻修了。臨床心理士。

小暮詩織（こぐれ・しおり）（第7，8章　担当）
社会福祉法人 埼玉県社会福祉事業団児童養護施設いわつき　心理療法士
津田塾大学学芸学部英文学科卒業・目白大学大学大学院心理学研究科臨床心理学専攻修了。臨床心理士。

協力
久保　祐（すぎなみ心理発達研究センター・ほっとカウンセリングサポート）

※場面緘黙，社交不安に関するご相談・心理療法のご依頼は，東京都杉並区（JR 中央線・総武線西荻窪駅近）にある「ほっとカウンセリングサポート」（hotcounseling@gmail.com）までお問い合わせ下さい。

場面緘黙の子どものアセスメントと支援
―― 心理師・教師・保護者のためのガイドブック

2019 年 3 月 1 日　第 1 刷
2024 年 7 月 20 日　第 6 刷

著　者　エイミー・コトルバ
監訳者　丹　明彦（たん あきひこ）
訳　者　青柳宏亮（あおやぎこうすけ）・宮本奈緒子（みやもとなおこ）・小暮詩織（こぐれしおり）
発行人　山内俊介
発行所　遠見書房

株式会社　遠見書房
〒 181-0001 東京都三鷹市井の頭 2-28-16
TEL 0422-26-6711　FAX 050-3488-3894
tomi@tomishobo.com　　http://tomishobo.com
遠見書房の書店　https://tomishobo.stores.jp

印刷・製本　モリモト印刷

ISBN978-4-86616-082-5　C3011
©Tomishobo, Inc. 2019
Printed in Japan

※心と社会の学術出版　遠見書房の本※

遠見書房

プレイセラピー入門
未来へと希望をつなぐアプローチ
丹　明彦著
「子どもの心理療法に関わる人には，必ず手に取って読んで欲しい」（田中康雄先生）。プレイセラピーと子どもへの心理療法の基本と応用を描いた1冊。センスを高めるコツ満載。2,640円，四六並

呪医とPTSDと幻覚キノコの医療人類学
マヤの伝統医療とトラウマケア
（和歌山大学名誉教授）宮西照夫著
伝説的シャーマンの教え，呪医による治療，幻覚キノコの集会……。マヤの地における呪医とキノコとトラウマケアをめぐるフィールドワークの集大成，著者渾身の一書。2,530円，A5並

マンガで学ぶセルフ・カウンセリング
まわせP循環！
東　豊著，見那ミノル画
思春期女子のたまひちゃんとその家族，そしてスクールカウンセラーのマンガと解説からできた本。悩み多き世代のための，こころの常備薬みたいに使ってください。1,540円，四六並

チーム学校で子どもとコミュニティを支える
教師とSCのための学校臨床のリアルと対応
（九州大学名誉教授）増田健太郎著
不登校・いじめ・学級崩壊・保護者のクレームなど，学校が抱える問題に教師やSCらがチーム学校で対応するための学校臨床の手引き。援助が楽になる関係者必読の一冊。3,080円，A5並

公認心理師の基礎と実践　全23巻
野島一彦・繁枡算男 監修
公認心理師養成カリキュラム23単位のコンセプトを醸成したテキスト・シリーズ。本邦心理学界の最高の研究者・実践家が執筆。①公認心理師の職責〜㉓関係行政論　まで心理職に必須の知識が身に着く。各2,200円〜3,080円，A5並

離婚・別居後の共同養育実践マニュアル
別れたふたりで子育てをするためのケーススタディ30
しばはし聡子著
離婚した元夫婦がふたりで子育てに関わる方法やコツを伝える一冊。著者は，離婚後の共同養育を模索した経験を持ち，現在は共同養育を手助けする「りむすび」を立ち上げています。1,870円，四六並

そもそも心理支援は，精神科治療とどう違うのか？――対話が拓く心理職の豊かな専門性
（東京大学名誉教授）下山晴彦 編
公認心理師の誕生で，心理支援のアイデンティティは失われてしまった。そんなテーマから生まれた対談集です。信田さよ子，茂木健一郎，石原孝二，東畑開人，黒木俊秀など。2,420円，四六並

天才の臨床心理学研究――発達障害の青年と創造性を伸ばすための大学教育
名古屋大学創造性研究会（代表 松本真理子）編
ノーベル賞級の「天才」研究者たちの創造性の原点とは？　才能をつぶすのも，広げさせるのも大学教育にかかっている現在，天才たちの個性と周囲のあり方を考えた1冊です。2,200円，四六並

学校における自殺予防教育のすすめ方［改訂版］
だれにでもこころが苦しいときがあるから
窪田由紀・シャルマ直美 編
痛ましく悲しい子どもの自殺。食い止めるには，予防のための啓発活動をやることが必須。本書は，学校の授業でできる自殺予防教育の手引き。資料を入れ替え，大改訂をしました。2,860円，A5並

N：ナラティヴとケア
ナラティヴがキーワードの臨床・支援者向け雑誌。第15号：オープンダイアローグの可能性をひらく（森川すいめい編）
年1刊行，1,980円

価格は税込みです